La Guia Ultima Para Entrenar A Su Propio Perro De Servicio Psiquiatrico Volumen 2

Guia Paso A Paso Para Tener Un Perro De Servicio ExtraordinarioGuía

Max Matthews

© **Copyright 2022 por Max Matthews** – Todos los derechos reservados.

El siguiente libro ha sido producido con la finalidad de proveer información que sea lo más precisa y segura posible. A pesar de todo, el comprar este libro puede ser visto como consentimiento al hecho de que ambos, el publicador y el autor de este libro, no son de ninguna manera expertos en los temas que se discuten dentro de este y que cualquier recomendación o sugerencias que se hayan hecho aquí son con el único propósito de entretener. Deberá consultar a profesionales cuando sea necesario antes de emprender cualquiera de las acciones aquí respaldadas.

Esta declaración se considera justa y válida tanto por la Asociación de Abogados de Estados Unidos como por el Comité de la Asociación de Editores y se tiene que cumplir legalmente en todo Estados Unidos.

Además, la transmisión, duplicación o reproducción de algo del siguiente trabajo, incluyendo información específica, será considerado un acto ilegal independientemente de si se realiza de forma electrónica o impresa. Esto se extiende a la creación de una segunda o tercera copia del trabajo o una copia grabada y solo se permite con el consentimiento expreso por escrito del editor. Todos los derechos adicionales reservados.

La información contenida en las siguientes páginas se considera en términos generales una serie de hechos verídicos y precisos, y como tal cualquier falta de atención, uso o uso indebido de la información en cuestión por parte del lector hará que las acciones resultantes sean únicamente de su competencia. No hay escenarios en los que el editor o el autor original de este trabajo puedan ser considerados responsable de cualquier dificultad o daño que pueda ocurrir después de realizar la información aquí descrita.

Adicionalmente, la información contenida en las siguientes paginas está destinada únicamente a fines informativos, y por lo tanto, debe considerarse como universal. Como corresponde a su naturaleza, se presenta sin garantía en cuanto a su validez prolongada o calidad provisional. Las marcas comerciales que se mencionan se realizan sin el consentimiento por escrito y de ninguna manera pueden considerarse un respaldo del titular de la marca.

CONTENTS

INTRODUCCIÓN 1

CAPITULO 1 4

¿Qué Es Un Perro De Servicio Psiquiatrico? 4

CAPÍTULO 2 19

¿Cuáles Son Las Habilidades Necesarias Para Ser Un Perro Asistencia Psiquiátrica? ... 19

CAPÍTULO 3: 29

Como Escoger Perro De Servicio Psiquiatrico Correcto 29

CAPÍTULO 4 72

Elegir El Equipo Adecuado Para Su Perro 72

CAPÍTULO 5 95

Seguro De Mascotas Y Cuidado De Su Perro De Servicio Psiquiátrico 95

CAPÍTULO 6 114

Regulaciones Gubernamentales 114

CAPÍTULO 7 131

Requerimiento De Acceso Al Público Para Perros De Servicio Psiquiátrico ... 131

CAPÍTULO 8 136

Entrenamiento Paso A Paso De Un Perro De Asistencia Psiquiátrica 136

CAPÍTULO 9 184

Guía Paso A Paso Para Entrenar A Un Perro De Asistencia Psiquiátrica ... 184

CONCLUSIÓN 210

INTRODUCCIÓN

Felicitaciones por la compra de Adiestramiento de su perro de servicio psiquiátrico 2021. Está dando el primer paso para vivir una vida con más libertad y movilidad. Un perro de servicio psiquiátrico le permite ser más interactivo en el mundo. Le da la libertad de moverse con la ayuda que necesita para tener una vida plena.

Dicen que un perro es el mejor amigo del hombre, y yo creo sinceramente que con el entrenamiento adecuado, un perro puede salvar la vida de una persona. Los perros que se utilizan como perros de servicio psiquiátrico están entrenados para ser su mejor amigo y su médium. Están capacitados para saber lo que está sucediendo en su vida antes de que usted sepa lo que está sucediendo. Están capacitados para ser altamente capacitados en el mantenimiento de su salud.

Este libro está diseñado para brindarle las herramientas necesarias para que usted entrene a su perro para que sea tan hábil como cualquier otro perro del Servicio Psiquiátrico. Aunque dividí cada sesión de capacitación en una necesidad específica basada en diagnósticos, todas pueden usarse para brindarle libertades que nunca pensó que fueran posibles. No permita que su diagnóstico se interponga en el camino para comenzar un nuevo capítulo en su vida. La discapacidad no tiene por qué ser el final de su vida. Puede ser el comienzo de una hermosa amistad entre usted y su animal de servicio psiquiátrico.

Los siguientes capítulos discutirán todos los pasos necesarios que se deben tomar para entrenar a su propio Perro de Servicio Psiquiátrico. Existen muchas habilidades y técnicas en el adiestramiento de un perro, y cada una de ellas puede brindarle más libertad y flexibilidad en su vida. Los Perros de Servicio Psiquiátrico te brindan la comodidad de saber que puedes experimentar la vida y todas sus aventuras sin preocuparte por esas molestas discapacidades que te han estado limitando. Muchas personas han descubierto que con un perro de servicio psiquiátrico, pueden pasar más tiempo en el mundo disfrutando de conciertos, restaurantes, conducir y muchas otras actividades.

Este es el libro que le dará esa libertad y tranquilidad. Comience a entrenar a su perro de servicio psiquiátrico y comience a disfrutar de la vida nuevamente en tan solo 6 semanas.

Hay muchos libros sobre este tema en el mercado, ¡así que gracias de nuevo por elegir este! Se hizo todo lo posible para garantizar que esté lleno de tanta información útil como sea posible. ¡Por favor, disfrútalo!

CAPITULO 1
¿QUÉ ES UN PERRO DE SERVICIO PSIQUIATRICO?

Los perros de servicio psiquiátrico no son mascotas, sino una necesidad médica para quienes padecen trastornos psiquiátricos graves. Un perro de servicio psiquiátrico es un perro que está especialmente entrenado para brindar un servicio a alguien que sufre un trastorno psiquiátrico.

Si tiene un trastorno psiquiátrico, entonces es muy consciente de lo que es. Si no tiene un trastorno psiquiátrico, un poco de información le ayudará a comprender si tiene uno. Un trastorno psiquiátrico es un trastorno relacionado con la salud mental. Esto puede incluir cualquier cosa, desde ansiedad, trastorno de estrés postraumático, autismo, depresión, esquizofrenia y mucho más. Si tiene un trastorno que limita su capacidad para vivir una vida plena, es posible que necesite un perro de servicio psiquiátrico.

Un perro de servicio psiquiátrico ayuda a las personas con discapacidades a sobrevivir en un mundo que les es hostil. Les brinda la capacidad de tener experiencias de vida que de otro modo no habrían podido tener debido a sus discapacidades. Pueden tener aventuras y vivir una vida sin preocuparse por si van a tener un episodio o no.

Los perros de servicio psiquiátrico están entrenados para muchos servicios diferentes para ayudar a los discapacitados en sus actividades diarias, así como para manejar los episodios de sus discapacidades. Estos pueden ser cualquier cosa, desde alertar al propietario sobre los horarios de los medicamentos, encontrar un artículo perdido, verificar el entorno en busca de factores desencadenantes, reconocer un ataque de ansiedad que se avecina, impedir que otros se acerquen al propietario, calmarlos cuando están en un episodio y muchos más servicios.

En este libro, hablaré sobre qué tareas están disponibles para que usted entrene a su perro de servicio psiquiátrico, qué tipos de perros son mejores para entrenar, la mejor edad para comenzar a entrenar a un perro, diferentes equipos que lo ayudarán con su psiquiatría. Perro de servicio, las reglas y regulaciones gubernamentales para los perros de servicio psiquiátrico, lo que su perro de servicio psiquiátrico necesita saber para calificar como perro de servicio psiquiátrico y una guía paso a paso sobre cómo entrenar para condiciones específicas.

¿Cuáles son las funciones que desempeñan los perros de servicio psiquiátrico en la vida de una persona discapacitada?

Una persona discapacitada que tiene una discapacidad psiquiátrica que limita su acceso a vivir una vida plena puede recibir un mejor servicio si tiene un perro de servicio psiquiátrico como compañero. Esto puede abrirles puertas que nunca imaginaron y permitirles experimentar la vida sin limitaciones. Los perros de servicio psiquiátrico están entrenados específicamente para realizar tareas que permitan que esto suceda.

Como perro de servicio psiquiátrico, el entrenamiento puede ser intenso y específico para las necesidades de su guía. Deben adherirse a un nivel más alto de capacitación y poder manejar muchas más cosas con diplomacia. Por ejemplo, un perro de servicio psiquiátrico debe poder ingresar a un área concurrida sin ser molestado por otros animales o personas. Esto es algo para lo que deben estar capacitados. La mayoría de los perros no manejarán fácilmente a otros animales en su espacio. Sin embargo, como Perro de Servicio Psiquiátrico, deben actuar como si ese otro animal ni siquiera estuviera allí. Los perros de servicio psiquiátrico brindan los servicios que se enumeran a continuación:

- Respondiendo a la puerta de su manejador si no puede hacerlo. Lo hacen tirando de una palanca o, si la casa está habilitada específicamente para este servicio, aplicando presión en una parte de la puerta donde se puede abrir.
- Recoger cosas y llevarlas al manipulador, como medicamentos, algo que dejaron caer o el correo.

- Alerta a los demás sobre el cuidador en momentos de asistencia adicional de un cuidador. Esta es una forma de alertar a la enfermera o al cuidador de que la persona discapacitada necesita sus servicios.

- Brinda apoyo para la movilidad, así como la capacidad de subir escaleras, levantarse de los muebles y navegar por áreas estrechas o áreas con visibilidad limitada. Esto se hace guiando al manejador con una correa o correa fuerte. Esto puede ayudarlos cuando estén en público o en casa.

- Brindar estabilidad y apoyo a aquellos que tienen problemas de desequilibrio es otra forma en que un perro de servicio psiquiátrico puede ayudar a su adiestrador. Muchos perros brindan este servicio para aquellos que son artríticos, tienen problemas de equilibrio o incluso víctimas de un derrame cerebral.

- Proporciona una alforja para el manipulador y lleva medicamentos, suministros para diabéticos, suministros para la ansiedad y demás. Esto permite que el manipulador tenga acceso a salir de su hogar sin tener que preocuparse por llevar consigo sus necesidades médicas.

Los perros de servicio psiquiátrico también pueden brindar servicios a sus cuidadores en momentos de emergencia, como:

- Recupera el teléfono para el manejador cuando necesita comunicarse con el 911 o un miembro de la familia para obtener ayuda, así como presionar un botón de alerta cuando el manejador necesita servicio.
- Ladra en el altavoz para que los servicios de emergencia sepan que el manipulador está en peligro o necesita servicios de emergencia. Esta es una forma de que los servicios de

emergencia sepan que la persona necesitada no solo está discapacitada, sino que también necesita asistencia.

- Responde al manejador de manera apropiada para interrumpirlo o alertarlo sobre un episodio o suceso psiquiátrico. Esto ayuda al manejador a saber que se acerca un episodio o ayuda a sacarlo de un episodio que potencialmente podría causarle más dolor o lucha.

- Proporciona una alarma para el manejador cuando está teniendo un episodio o en peligro para que otras personas se den cuenta del episodio. Esto les permite obtener ayuda para su manipulador y proporcionar el tratamiento médico necesario que su manipulador necesita.

- Cuando experimente una convulsión o un episodio de ansiedad, le avisarán a los demás y los traerán para que puedan ayudarlo en sus necesidades. Esto funciona muy bien cuando está en el suelo con un episodio, convulsión o intento de suicidio. Esto es especialmente útil para aquellos que sufren de depresión severa, trastornos del estado de ánimo, ansiedad y convulsiones.

- Utiliza un sistema para alertar al manejador y al departamento de bomberos o vecinos sobre un incendio, robo u otros problemas que requieran que el manejador evacue la casa o llame a la policía.

Estos son todos los servicios que le permiten al manejador o persona discapacitada la posibilidad de vivir su vida sin temor a lo que sucedería durante estas situaciones. Estos son solo algunos de los servicios que puede proporcionar un perro de servicio psiquiátrico. Hay tantas formas en que un perro de servicio psiquiátrico puede modificar o ayudar la vida de una persona discapacitada. Con un perro de servicio psiquiátrico, la persona discapacitada puede sentirse más segura de sí misma y de sus habilidades para vivir sola o explorar sus pueblos o tomarse unas vacaciones sin necesidad de un cuidador o enfermera constante.

- Como perro de servicio psiquiátrico, su función es proporcionar al cuidador discapacitado las libertades y los lujos que otros disfrutan.

- Ayudan a ayudarlos con episodios de disociación con el área circundante. También brindan al manipulador la capacidad de tener estabilidad cuando está desorientado debido a los medicamentos.

- Pueden proporcionar al manipulador una alerta que le informará que es hora de tomar la medicación.

- A menudo, cuando las personas tienen ansiedad, ataques de pánico o episodios, necesitan una estimulación táctil que los sacará de esos episodios o les ayudará a ser conscientes de cuándo se acerca el episodio. El perro de servicio psiquiátrico está capacitado para brindar estos servicios.

- También están entrenados para reconocer cuando alguien está alucinando y cómo manejarlos cuando vienen.

- Para aquellos cuidadores que están experimentando PTSD por haber sido atacados o estar en guerra, pueden beneficiarse de tener un perro de servicio psiquiátrico. Este perro puede proporcionarle a alguien que revise todas las habitaciones antes de que entren y les avise si todo está bien o no en la habitación.

- Si alguien tiene el potencial de autolesionarse o se ha autolesionado en el pasado, entonces un perro de servicio psiquiátrico le proporcionará la interrupción de estos comportamientos. Esto ayudará a los que padecen TOC con estos comportamientos.

Con todos estos servicios que puede brindar un Perro de Servicio Psiquiátrico, puede ver los beneficios que podría brindar a las vidas de las personas discapacitadas. Muchos veteranos estadounidenses buscan ayuda para la estabilización médica después de regresar de la guerra, y un perro de servicio psiquiátrico puede ser la clave para brindarles la estabilidad en su tratamiento médico que necesitan fuera de la medicación y el asesoramiento.

Al cuidar a un perro de servicio psiquiátrico, les proporciona las razones necesarias para cuidarse a sí mismos y a otras personas que viven con ellos. Esto, a menudo, puede proporcionarles un propósito y un medio para salir de casa. Esto les da la oportunidad de salir y tener interacciones con los demás, además de brindarles una razón para dejar su zona de confort y experimentar más cosas en la vida.

Cuando las personas con depresión piensan en dejar sus hogares, no les entusiasma demasiado la idea. Tener un perro de servicio psiquiátrico les dará una razón para levantarse de la cama y tomar aire fresco. El aire fresco y la luz solar proporcionan vitamina D, que es un nutriente vital que se necesita para ser felices y puede mejorar nuestro estado de ánimo. Se sabe que el aire fresco revierte los efectos de la depresión, así como los síntomas que experimentan las personas deprimidas. Esto también es algo que se puede proporcionar a un manejador a través de un animal de apoyo emocional. A través de estudios científicos y clínicos, las personas con discapacidad han expresado un mayor índice de autoestima, independencia y felicidad al convivir con un animal de servicio o un animal de apoyo emocional.

Un perro es capaz de ayudar a más de 60 personas. A través de programas que permiten a los Veteranos entrenar a un Perro de Servicio Psiquiátrico, no solo entrenan al perro a servir, sino que se curan a sí mismos dándoles un propósito. Esto les ayuda a afrontar el trastorno de estrés postraumático y otros problemas. Ayudan a reducir la ansiedad del manejador para que pueda dormir mejor, lo que a su vez les ayuda a mejorar su salud. Al entrenar al perro para que experimente nuevos entornos, el guía, a su vez, está saliendo del aislamiento en el que se encuentran muchas personas que sufren de trastorno de estrés postraumático o depresión. Cuando los veteranos adiestran al perro que pueden confiar en el mundo y que es un lugar seguro para estar, ellos también están aprendiendo esta lección.

Los perros de servicio psiquiátrico brindan un impulso de confianza tanto a los niños como a los adultos que padecen trastornos psiquiátricos. Se han realizado varios estudios de investigación que han demostrado que un perro de servicio psiquiátrico ayuda a liberar los niveles de dopamina o de oxitocina dentro del manejador. Estos dos niveles están relacionados con estabilizar los estados de ánimo y ayudar al bienestar del manejador. Los niños que tienen problemas de confianza o autismo pueden usar un perro de servicio psiquiátrico para sentirse más seguros cuando tienen que relacionarse con otras personas. Les enseña a interactuar con el perro, lo que les ayuda a aprender a interactuar con otras personas.

Aunque el adiestramiento para un perro de servicio psiquiátrico puede ser muy específico e intenso, el beneficio supera con creces el gasto de tiempo o dinero que se invierte en él. Puede llevar de semanas a meses adiestrar a un perro de servicio psiquiátrico según el adiestramiento que se necesite y la capacidad del perro para adaptarse a las tareas que se le piden, pero no tema. Esto es algo que puede hacer usted mismo aplicando las técnicas de este libro.

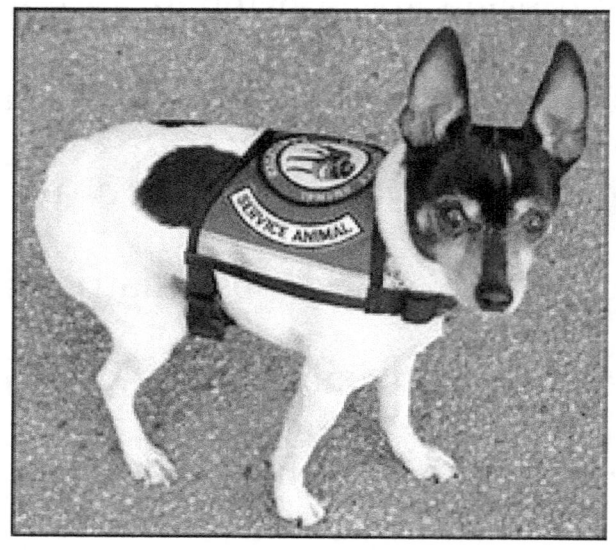

En el próximo capítulo, discutiré las habilidades necesarias que se necesitan para convertirse en un perro de servicio psiquiátrico y cómo asegurarse de que su perro las tenga. El resto de este libro se centrará en elegir el perro adecuado para la tarea, así como en la elección del equipo para que su perro se adapte a sus necesidades. También discutiré las leyes que regulan lo que puede y no puede hacer con su perro de servicio psiquiátrico y el papel necesario que debe desempeñar su perro cuando está en público. La última parte de este libro se centrará en las técnicas de entrenamiento para servicios específicos que su perro de servicio psiquiátrico necesitará para poder realizar según sus necesidades.

¿TE GUSTA LO QUE ESTÁS LEYENDO? ¿QUIERES ESCUCHAR ESTO EN UN AUDIOLIBRO? HAZ CLIC AQUÍ PARA OBTENER ESTE LIBRO GRATIS CUANDO TE UNAS A AUDIBLE!!

https://adbl.co/2YqyNOh

CAPÍTULO 2
¿CUÁLES SON LAS HABILIDADES NECESARIAS PARA SER UN PERRO ASISTENCIA PSIQUIÁTRICA?

Hay algunas habilidades necesarias que su perro debe tener para ser un perro de servicio psiquiátrico. Cada una de estas habilidades es para asegurar que su perro le esté sirviendo de la mejor manera posible. Cada conjunto de habilidades se utiliza para determinar si este es el perro adecuado para sus necesidades y si pueden adquirir el entrenamiento necesario para usted.

Para que un perro sea una opción viable para un perro de servicio psiquiátrico, debe exhibir lo que algunas personas llaman el entrenamiento de buen compañero. Con Good Companion Training, su perro aprenderá a obedecerle. Dado que cada perro es diferente, esto puede significar cosas diferentes para cada perro. Un perro con este adiestramiento no saltará sobre otros, ladrará o gruñirá cuando no sea apropiado, no cavará en el patio ni se subirá a los muebles si usted no quiere que lo hagan. No masticarán algo que se supone que no deben ni morderán a otros. No comerán de los platos de otros ni arrebatarán cosas de las manos de los bebés. Estos se consideran pasos básicos del entrenamiento de obediencia. Algunas de las cosas que están relacionadas con la obediencia básica se enumeran a continuación.

- Ser capaz de seguir con el talón o ralentizar su paso cuando el guía ha disminuido la velocidad, se ha detenido o ha hecho un cierto sonido o movimiento, así como tambalearse cuando se suelta de la correa cuando se le da una orden específica y no reanudar la marcha hasta que se le indique.

- Otra habilidad es poder permanecer perfectamente quieto mientras el veterinario o el guía examina al perro para un chequeo. A veces, necesitamos examinar a nuestras mascotas para ver si algo las molesta o si el veterinario necesita que se queden quietas para los exámenes. Esta es una habilidad necesaria.

- Cuando el guía ha liberado al perro de servicio psiquiátrico de la correa, el perro debe poder permanecer cerca del guía y regresar al guía con una simple orden si se envía a recuperar algo.

- Otra habilidad de obediencia que el perro debe tener es poder sentarse durante más de 1 minuto sin moverse del lugar. Esto es para asegurar que el perro pueda seguir la orden de sentarse y quedarse.

- En la misma línea de sentarse y quedarse está la habilidad de estar abajo y permanecer que también es necesaria para un perro de servicio psiquiátrico. Cuando esté en público, su perro de servicio psiquiátrico debe poder sentarse durante más de 3 minutos mientras usted come, se cambia de ropa, se registra en la caja registradora, usa el baño y mucho más. Deben poder quedarse sin levantarse ni perder la concentración.

- Dejar algo o darte algo cuando se te ordene es una parte importante de las habilidades de obediencia. Poder ordenarle a su perro que lo deje caer o que se lo dé puede significar la diferencia entre un Perro de Servicio Psiquiátrico que recolecta cosas y se las trae y uno que no lo hace.

- Otra habilidad de obediencia que es útil tener es poder seguir las señales con las manos sin comandos de voz. Algunas personas discapacitadas no pueden hablar, y esto puede resultar confuso para un perro que ha aprendido con órdenes auditivas. En este caso, el perro del Servicio Psiquiátrico debería poder responder a las señales de las manos en lugar de las señales auditivas.

- Otra cosa que un perro debe aprender es a recuperar y regresar. Esto significa que el perro debe poder dejar al guía, recuperar algo que se haya caído o necesitado desde la distancia y devolver el artículo al guía.

- Tu perro también debe ser capaz de ignorar los ruidos repentinos o los ruidos extraños que puedan aparecer "repentinamente". Cuando un perro se asusta fácilmente con sonidos fuertes o extraños, puede ser un problema. Un perro de servicio psiquiátrico no deberá alertar o responder a nada que su entrenador no haya dicho o hecho.

- Otra cosa que va de la mano con esto es que tu perro debe ser capaz de caminar en lugares o superficies desconocidas sin sentirse incomodo. Pasa seguido que una nueva superficie puede asustar al perro o crearle ansiedad por estar sobre esa superficie. Un perro de servicio debe sentirse cómodo acercándose o caminando en cualquier superficie con la que tenga contacto.

- Los perros de servicio psiquiátrico deben sentirse cómodos alrededor de personas que tengan canes, sillas de ruedas, niños, desconocidos y aquellos que hagan sonidos ruidosos como personas con retraso mental. Tu perro no debe responder a otras personas, en su lugar debe actuar como si no estuviesen ahí a menos que su dueño les de la instrucción de que está bien.

- Otra parte de esto es el no reaccionar a otros animales. Ya que los perros tienden a perseguir gatos, presas pequeñas o responder a otros perros con interés o disgusto, un perro de Servicio Psiquiátrico debe comportarse como si los otros animales no estuvieran ahí. Esto asegura que toda su atención esté en lo que su adiestrador necesita en vez de desconcentrarse y distraerse.

Un gran un punto de partida para un perro que está intentando ser un Perro de Servicio Psiquiátrico es enrolarse en el curso del Buen Ciudadano Canino. Este curso está pensado para asegurar que el perro es un buen ciudadano y es además un punto de salto para asegurarte que tu elección de un Perro de Servicio Psiquiátrico es lo mejor para ti. Este curso entrena a tu perro en como tener buenos modales con otros animales, personas y situaciones específicas. Como es un curso de entrenamiento que te proporciona un certificado a través del Club Americano Kennel y está aprobado por entrenadores, es algo que tendrá que ser realizado por alguien certificado que enseñe el curso. De cualquier manera, si adoptas a un perro de la perrera, la mayoría de las veces les van a proporcionar este adiestramiento, y estará incluido en la biografía del perro y su cuota de adopción.

Algo del entrenamiento que veremos en este curso incluye:

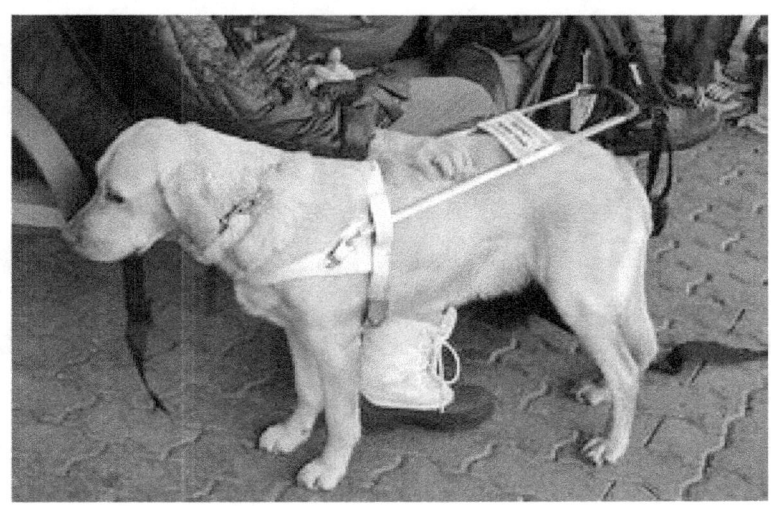

- Permitir a un extraño amigable acercarse y comunicarse con el perro.

- Sentarse de manera agradable mientras alguien lo acaricia.

- Permitir que alguien lo acicale sin agresión y además cheque sus extremidades.

- Caminar al lado de su dueño con una correa floja sin jalarse o tensarse.

- Pasar a través de una multitud sin ser molestados por otras personas o animales.

- Sentarse y acostarse al escuchar el comando y quedarse quieto por la duración de tiempo que el entrenador decida.

- Ir hacía el entrenador cuando sea llamado desde una distancia de 10 pies.

- No mostrar reacción o solo reaccionar positivamente a otro perro.

- Responder apropiadamente a una distracción que sea hecha por el entrenador.

- Quedarse por periodos extendidos de tiempo sin su entrenador durante una separación supervisada. Esto asegura que el perro no tendrá ansiedad por la separación.

Otro factor crucial es que el perro debe tener las habilidades que encajen dentro de tu elección de estilo de vida. Muchas veces, una persona que sufre depresión pasará horas en la cama, algunas veces incluso días. El Perro de Servicio Psiquiátrico que elijas debe ser capaz de no hacer del baño en la casa durante las horas que su dueño este en la cama, así como motivar a su entrenador a salir de la cama y conseguir que lo lleve afuera a hacer sus necesidades.

CAPITULO 3: COMO ESCOGER PERRO DE SERVICIO PSIQUIATRICO CORRECTO

Comenzando con saber qué es lo que esperas exactamente de tu Perro de Servicio Psiquiátrico, puedes empezar a buscar al perro correcto que se adapte a tus necesidades. Para saber exactamente lo que necesitarás simplemente deberás hacerte algunas preguntas a ti mismo.

Estas preguntas te ayudarán a determinar tus necesidades y al perro apropiado que se adapte a estas. También deberás determinar cuáles serán tus limitaciones de cuidado para tu Perro de Servicio Psiquiátrico elegido.

Vas a necesitar empezar haciendo una lista de las necesidades de tu Perro de Servicio Psiquiátrico. Hazte a ti mismo estas preguntas:

- ¿Qué hará tu Perro de Servicio Psiquiátrico por ti?
- ¿Cómo entrenarás a tu Perro de Servicio Psiquiátrico para hacer las tareas que necesitas?

A continuación enlista las discapacidades con las que necesitarás asistencia de tu Perro de Servicio Psiquiátrico.

- ¿Tiene que reaccionar a lo que tu reaccionas?
- ¿Tiene que ser un perro sin reacción?
- ¿Tiene que asistirte a no clavarte con un comportamiento destructivo?
- ¿Quieres que te redirija o que detenga por completo el comportamiento?

- ¿Hay alguna manifestación física que ayude a tu perro a reconocer el problema?
- ¿La interacción con el perro es necesaria para cambiar tu fisiología?
- ¿Hay otra manera en la que el Perro de Servicio Psiquiátrico pueda asistirte con este problema?

A continuación, necesitarás hablar con tu doctor o aquellos que sean más cercanos a ti para determinar si ellos tienen conocimiento de ideas o acciones que necesitan ser curtidas o detenidas. Discutan cómo tu discapacidad ha interferido o impactado tu vida, y si hay algo que te beneficiaría en lo que tu Perro de Servicio Psiquiátrico pueda ayudar. Discute con otros dueños de Perros de Servicio Psiquiátrico y encuentra cómo los suyos están ayudándolos en sus vidas o hacienda sus vidas más llevaderas. Pregunta si hay algo en específico en lo hayan entrenado a sus Perros de Servicio Psiquiátrico para hacer y que además podría beneficiarte. Luego crea una lista de cosas que necesitarás que tu Perro de Servicio Psiquiátrico haga por ti para ayudarte a vivir una vida más cómoda.

Una vez que hayas llegado a este punto, tendrás que especificar el tamaño de la raza de perro que tendrás. En primera instancia, un perro para mantener el equilibrio necesitará ser grande. Una persona que tamaño promedio necesita a un perro con un peso de por lo menos 50 libras para que sea estable. Para una persona con un tamaño más grande, probablemente se necesite un perro más grande para estabilidad. Si tu discapacidad no está asociada con la estabilidad entonces un perro de raza más pequeña puede ser una buena opción. Un perro pequeño necesita menos espacio en tu casa, su ingesta de comida es mínima y ya que viven por más años, te proporcionará sus servicios por un periodo de tiempo más largo. Un perro pequeño es un gran acierto para la estimulación del tacto y además para alertar modificaciones de comportamiento o episodios.

Lo siguiente que necesitarás pensar es en la personalidad que tú tienes y en la personalidad del perro. ¿Te acoplarías mejor con ciertas razas que con otras? Si estás pensando en un perro que esta naturalmente inclinado a perseguir alimañas entonces será más independiente que aquellos que son usados para recuperar el juego que ha sido tirado. Un perro cuya raza ha sido asignada de perros guardianes necesitará ser adiestrado por alguien que tenga confianza en sus habilidades de adiestramiento, lo que significa que podría no ser una excelente opción para Perro de Servicio Psiquiátrico. Una raza de perro miniatura es una excelente opción para perros de compañía y Perros de Servicio Psiquiátrico.

Habla con un entrenador profesional que esté especializado en escoger el Perro de Servicio Psiquiátrico apropiado en base a las necesidades del cuidador y ve que es lo que sugiere para tus necesidades. El entrenador no tiene que ser un entrenador de Perros de Servicio Psiquiátrico. Cualquier entrenador que trabaje con perros que son entrenados en agilidad, entrenadores de competencias, entrenadores de deportes, así como también entrenadores de búsqueda y rescate pueden ser un gran recurso para encontrar información de razas específicas que te ayudará.

Otra fuente para identificar la raza correcta para tus necesidades es contactar a otras personas que hayan entrenado a sus propios Perros de Servicio Psiquiátrico. Consigue información de cómo ellos escogieron la raza de su perro y qué métodos utilizaron para identificar la raza apropiada para sus necesidades.

Ahora, debes tener en cuenta tus actividades diarias. ¿Eres active o inactive? Un perro necesitará tener por lo menos un paseo al día para explorar el mundo, olfatear a los otros perros del área y disfrutar de la naturaleza. Un Perro de Servicio Psiquiátrico tiene necesidades que no son fáciles de ignorar. Necesitará hacer sus necesidades y hacer ejercicio. Un miembro de tu familia es un excelente recurso para obtener ayuda con tu Perro de Servicio Psiquiátrico. De cualquier manera, el objetivo deberá ser para ti, que tu salgas y explores el mundo Además hay muchos prestadores de servicios que pueden ir a tu casa y sacar a caminar a tu perro por ti por un pago.

Si no te gusta realizar muchas actividades, entonces necesitas elegir a un perro que tenga bajos niveles de energía, como un Shih Tzu u otro perro pequeño. Un perro con un estilo energía media necesitará al menos una hora o más de ejercicio continuo cada día. Este puede ser el Labrador Retriever o algo similar. Si consideras que un perro de raza de mayor energía es una buena opción para usted, entonces elija algo como un Border Collie o incluso un Boxer. Estos tipos de perros necesitarán correr durante un periodo de tiempo de al menos 1 a 2 horas al día. Ellos prosperan dentro del tipo de actividades deportivas para perros y necesitan una actividad constante para mantenerse ocupados.

Si no tienes muchos días activos, no intentes sobreestimar la actividad dentro de tu vida. Esto sólo puede significar un desastre o comportamientos destructivos que pueden provenir del aburrimiento. Un perro con un mínimo de energía puede ser sobre exigido. Sin embargo, un perro con energía extra con un ejercicio mínimo va a ser desastroso a largo plazo.

Si antes de tu discapacidad disfrutabas de un estilo de vida activo, como agilidad, aventar la pelota, baile o cualquier otra estimulación física, entonces elegir un perro que sea activo con moderación puede ser una gran opción como tu perro de asistencia psiquiátrica. Esto también le ayudará a salir al exterior y estar activo, devolviéndole su estilo de vida anterior a la discapacidad.

En penúltimo lugar, deberá tener en cuenta el aseo que necesita el perro. Aunque el aseo puede ser una actividad muy terapéutica, también es algo con lo que las personas con artritis tendrán dificultades. Es un comportamiento repetitivo para alguien que se da cuenta de que tiene un TOC sobre las acciones para tener una alternativa con la que reemplazar esos comportamientos.

Sin embargo, hay ciertas condiciones que pueden ser afectadas severamente por la presencia de pelo o la necesidad de asear a un perro. Alguien que se encuentra en un estado depresivo puede encontrarse aletargado e incapaz de ocuparse del aseo del perro. Esto puede suponer un problema para el pelo y la salud del perro. En la misma nota, alguien que es TOC sobre los gérmenes y la limpieza puede encontrar que el pelo de un perro o el aseo de un perro a ser abrumador y desagradable. Esto puede crear más ansiedad en la situación.

Decidiendo lo que le molestará y lo que no le molestará con respecto al aseo de su perro, podrá estar mejor preparado para la conservación y el mantenimiento necesarios. Aunque cada persona con el mismo diagnóstico es diferente, el aseo de un perro es específico de cada raza. Un perro de pelo largo necesitará los mismos procedimientos de aseo que otro de pelo largo. Por lo tanto, determine qué es lo que está dispuesto a hacer diariamente por su perro de asistencia psiquiátrica antes de elegir la raza que utilizará.

Un Greyhound o un Pit Bull tienen un pelaje corto que es suave y se desprende mínimamente. No requieren una gran cantidad de cuidados. Los perros como el Golden Retriever, el Pastor Alemán y el Labrador Retriever pueden tener un pelaje corto o medio. Suelen mudar a menudo y necesitan ser cepillados copiosamente 3 veces por semana.

Un perro de pelo largo como un Lhasa Apso, así como un Blue Heeler tendrá que ser cepillado a menudo. Esto tendrá que hacerse todos los días. También necesitarán una cita regular en la peluquería canina para que les corten el pelo. Si usted tiene alergias, entonces el Caniche, Schnauzer, y Bichon Frise tendrá que ser su elección óptima. No mudan y son hipoalergénicos. Necesitan un aseo regular con cepillos o peines. Deben ser aseados cada 2 días y tener un corte de pelo regular. Un perro de raza mixta puede ser bastante diferente y difícil de calibrar cuando se trata de muda y necesidades de aseo. Tendrán necesidades en función de la mezcla que tengan.

Por último, tenga en cuenta el horario de su vida laboral o doméstica, así como las tareas de las que ya es responsable. Piensa en las demás personas que forman parte de tu vida. Piense en su vida familiar. Piensa en tu entorno laboral o en las consultas médicas que visitas. Hágase estas preguntas:

- ¿Son alérgicos a los perros?
- ¿Vive en un clima más frío o más cálido?
- ¿Visita lugares que requieren un ambiente tranquilo?
- ¿Será molesto llevar un paño para limpiar siempre las babas?
- ¿Vive en un pequeño apartamento en una gran ciudad??

- ¿A menudo viaja en trenes o aviones?

Ahora, sume todas las respuestas obtenidas en las preguntas y encuentre el perro adecuado para usted.

Investigue un poco sobre las razas de perro que se ajustan a sus necesidades y comience a recopilar los pros y los contras sobre qué raza es la mejor para usted. Una vez que haya reducido la lista, vaya a algunos criadores y refugios y conozca al perro, su mentalidad y la conexión con su adiestrador.

¿Qué perro es el mejor para ti y tus necesidades?

Algunos perros son criados específicamente por su mentalidad. Estos perros serían excelentes perros de asistencia psiquiátrica.

Hay varias razas de perros en el mundo que podrían ser un perro de servicio psiquiátrico. Pueden ser desde un Chihuahua hasta un Pitbull. Cualquier perro es una opción aceptable. Sin embargo, algunos perros que tienen una necesidad específica requerirían más tiempo y energía para mantenerlos que otros. Saber lo que necesita y busca va a ser el factor determinante para elegir el perro perfecto.

A continuación, voy a dar cualidades naturales específicas a varias de las razas de perros que la gente ha estado utilizando para los perros de asistencia psiquiátrica en los últimos 10 años. Esto le dará una base para calificar a su perro perfecto.

Algunas de las razas de perros que más gustan a la gente son:

- Beagles
- Cavalier King Charles Spaniel
- Retriever de Pelo Lacio
- Collie
- Pug
- Setter Irlandes
- Bulldog Fránces
- Bichon Frise
- Bulldog
- Maltese

Perros ideales para una casa de tamaño pequeño o mediano :

- Toy Poodle
- Cavalier King Charles Spaniel
- Pug
- Bichon Frise
- Yorkshire Terrier
- Corgi
- Dachshund
- Bulldog Francés
- Beagle
- Chihuahua

Perros que entran en el ámbito general de los perros de asistencia psiquiátrica aceptables :

- Labrador Retriever
- Beagle
- Rottweiler
- San Bernard
- Pomeranian
- Poodle Estándar

- Bulldog Francés
- Pug
- Galgo
- Pastor Alemán
- Golden Retriever

Con todas las diferentes razas que hemos enumerado aquí, quiero darle una idea de cómo varios de estos perros proporcionarán una ayuda adecuada, si no excelente, como un perro de servicio psiquiátrico. Para empezar, hablaré del caniche estándar.

El Poodle Estándar

Estos perros son muy brillantes y son fácilmente entrenables. Tienen una capacidad excepcional para captar rápidamente las órdenes de adiestramiento y están especialmente dispuestos a complacer al adiestrador. Los caniches son muy apreciados debido a sus mentes brillantes. Debido a su entrenamiento original de recuperación, tienen la tenacidad para seguir las señales que les dan sus manejadores para ayudar a aquellos que necesitan que alguien recoja y recupere artículos para ellos.

Otro aspecto positivo de los caniches como perros de asistencia psiquiátrica es que tienen un bajo índice de muda en comparación con otras razas de perros. La baja muda también significa que tienen un pelaje hipoalergénico, lo que los convierte en una excelente opción para quienes tienen alergias a las mascotas y a la caspa de las mismas.

El caniche es un perro cariñoso y bondadoso, especialmente con los niños y las personas discapacitadas. Se sabe que sobresalen en los cursos de entrenamiento de obediencia y son leales a sus cuidadores. Son ideales para aquellos que sufren de depresión, ansiedad y ataques de pánico. Como los caniches perciben el estado de ánimo de sus cuidadores, pueden saber indirectamente que su cuidador es infeliz. Esto es algo que no hay que enseñarles; son sensibles por naturaleza. Después de que se les enseñen las técnicas de adiestramiento adecuadas, pueden sintonizar profundamente con los estados de ánimo de su adiestrador y tener una conexión con éste que puede ayudarles a identificar y desviar al adiestrador de comportamientos autodestructivos.

El Habanero

Aunque el Bichón Habanero es un perro pequeño, tiene una gran inteligencia. Esto les permite ser entrenables, lo que los convierte en una selección adecuada para el perro de servicio psiquiátrico. Tienen una personalidad amigable que los ayuda a ser una gran elección de mascota familiar, así como una gran opción para los niños con discapacidades. El Bichón Habanero es una excelente opción para aquellos que sufren de depresión debido a su personalidad amistosa. También son extrovertidos y colman a su cuidador de amor y mimos, lo que puede mejorar la disposición de la persona. Les encanta el amor y disfrutan acurrucándose con su cuidador. Esto significa que serán un gran compañero para alguien que sufra trastornos del estado de ánimo.

Debido a su sensibilidad, son capaces de sintonizar con la energía emocional de su cuidador. Esto les permite saber cuándo su cuidador está pasando por un episodio emocional y necesita apoyo o consuelo. Esto también los hace leales y un gran perro para su regazo cuando necesita consuelo.

Conocen trucos como recuperar medicamentos para sus dueños, así como interrumpir los comportamientos que pueden ser perjudiciales o repetitivos y que pueden ser autodestructivos. Al proporcionar un punto focal, un niño con autismo es capaz de unir el mundo autista con el mundo real.

El Cavalier King Charles Spaniel

Tienen una enorme personalidad que los hace muy amables y adorables. Disfrutan acurrucándose y mostrando afecto a sus cuidadores y a otras personas. Tienen un fuerte vínculo con su cuidador y con los niños de la casa. De ahí que reciban el nombre de "perro de velcro". Por ello, son un increíble perro de servicio psiquiátrico para aquellos que sufren de TEPT y depresión.

Al acariciar un King Charles Spaniel, la repetición ayudará a crear tranquilidad y calma dentro de su mente. Esto ayuda enormemente a aquellos que necesitan una actividad calmante para ayudarles a lidiar con sus discapacidades. Los Cavaliers no son en absoluto agresivos con las personas y los niños. Esto significa que son una gran opción para aquellos que necesitan un perro de servicio psiquiátrico que pueda estar en público sin ser agresivo con otras personas y animales. Sin embargo, necesitan mucho entrenamiento antes de ser utilizados en público. Sin embargo, la inteligencia de este perro hace que sea muy fácil para ellos aprender sus comandos de entrenamiento necesarios.

El Cavalier es una raza muy apacible y tranquila, lo que lo convierte en una raza excelente para los manejadores de PTSD, así como para aquellos que sufren de ansiedad. Se vinculan intuitivamente con sus manejadores, lo que les facilita identificarse con el manejador y conectar con todos sus episodios emocionales.

El Labrador Retriever

El Labrador Retriever tiene una inteligencia superior a la de otros perros. Esto los convierte en una excelente opción no sólo para los perros de asistencia psiquiátrica, sino también como grandes animales de compañía. También tienden a ser muy gentiles con sus manejadores y niños.

Dado que el retriever fue originalmente criado para recuperar, esto significa que son un excelente perro de servicio psiquiátrico para aquellos que necesitan ayuda para recuperar su correo, así como para recoger cosas que se han caído. Esto muestra cómo su inteligencia, el afán de complacer y la obediencia les proporcionan las capacidades de ser un perro de servicio psiquiátrico.

Mantienen una personalidad estable y equilibrada, lo que ayuda enormemente a los niños y adultos con TDAH y TDA. Esto también les proporciona el temperamento necesario para los niños y adultos autistas. Ayudan al manejador autista a estar más tranquilo y calmado en los momentos de arrebato. Los individuos que sufren de esquizofrenia también se sentirán más seguros y tranquilos debido a la capacidad de concentrarse en el cuidado de su perro y la calma que estos perros proporcionan al entorno.

El Schnauzer Miniatura

Otro perro de raza pequeña que es una excelente opción para un perro de servicio psiquiátrico. Este perro miniatura es un perro enérgico con muchas agallas. Les encanta retozar y jugar. Pero también les encanta tumbarse y ser abrazados. Son un gran compañero para aquellos que necesitan ser más activos en la vida o aquellos que aman ser activos, pero necesitan tener el apoyo psiquiátrico que el perro de servicio psiquiátrico proporcionará.

Tienen un alto nivel de inteligencia y aprenden a ser obedientes y a complacer a la gente con bastante facilidad. Captan las señales sociales y emocionales, lo que los convierte en un gran compañero para las personas con inestabilidad emocional.

El Pastor Alemán

Aunque la mayoría de la gente piensa que estos perros son excelentes perros policía, no se dan cuenta de que también pueden ser excelentes perros de apoyo o servicio psiquiátrico. El pastor alemán es una raza de perro muy tenaz e inteligente con la disciplina para aprender todo lo que se les enseña. Están ansiosos por complacer a sus adiestradores y les encanta mostrar afecto. Se comportan de forma extraordinaria cuando se les pide, y esto no es diferente cuando la persona discapacitada necesita su ayuda. Esto puede convertirlos en un gran activo para los adiestradores que tienen problemas de salud mental.

Debido a todos los rasgos naturales del carácter del pastor alemán, son una excelente opción para quienes sufren síntomas de TOC y problemas de ansiedad. Si se les entrena adecuadamente, serán capaces de detectar cuando su manejador está teniendo un ataque de pánico o el inicio de un ataque de pánico y, a continuación, evitar que el ataque de pánico de venir. Pueden ser entrenados para interrumpir los comportamientos con una técnica de pata que redirigirá al manejador a un nuevo comportamiento o acción.

La dulzura de la raza y la lealtad que muestran hacia sus cuidadores los convierte en un perro ideal para los que sufren TEPT. Son una excelente opción para buscar en los hogares cualquier signo de personas o actividades inseguras. Son fáciles de adiestrar debido a su capacidad para procesar rápidamente los conocimientos y tienen un nivel de inteligencia similar al de los humanos. Proporcionan un entorno tranquilizador y se puede confiar en ellos como apoyo moral, además de proporcionar seguridad.

El Lhasa Apso

El Lhasa Apso es una raza que tiene instintos naturales que alertan a las personas de los intrusos. Esto significa que son grandes perros de asistencia psiquiátrica para aquellos que necesitan un perro de alerta para los desencadenantes o comportamientos específicos. Serán grandes compañeros, así como perros de asistencia psiquiátrica para aquellos que tratan con el trastorno de estrés postraumático, así como el trastorno bipolar y la depresión.

Tienen una disposición alegre y pondrán una sonrisa en la cara de cualquiera. Esto los convierte en una gran opción para calmar y animar a quienes están deprimidos. También tienen una extraña habilidad para ayudar a identificar los diferentes estados de ánimo que su manejador mostrará durante un episodio bipolar, y a través del entrenamiento, pueden aprender a reaccionar de una manera apropiada, como dar un codazo al manejador para alertarlo del cambio de estado de ánimo. Esto hará que el cuidador vuelva a estar en el camino del estado de ánimo adecuado.

Suelen ser cómicos y divertidos, lo que les ayuda a levantar la moral de quienes están deprimidos o son bipolares. Esto los convierte en una excelente fuente de compañía para aquellos que padecen discapacidades del estado de ánimo.

Ahora que te he dado algunas ideas sobre cómo elegir un buen perro de servicio psiquiátrico, el resto de este capítulo te ayudará a saber si debes conseguir un perro de refugio o un perro de raza pura, y si debes empezar con un cachorro o un perro adulto.

Perro de refugio vs. perro de raza pura

Los perros de refugio tienen todo tipo de formas y tamaños. Algunos de los perros que puede encontrar dentro del refugio son, aunque no lo crea, en realidad perros de raza pura que han sido abandonados por sus dueños debido a circunstancias de vivienda o económicas. Por lo tanto, lo que puede descubrir sobre los perros del refugio es que en realidad pueden ser perros de raza pura, así como chuchos.

Los criadores pueden proporcionarle un historial médico y el linaje familiar del perro que está considerando utilizar como perro de servicio psiquiátrico. Esta información puede ser útil no sólo para el historial genético del perro sino también para la información personal, de modo que usted sabrá si el temperamento es ideal para sus necesidades. Al examinar la línea de sangre del perro que está eligiendo, estará al tanto de cualquier problema médico genético que pueda afectar a su perro.

Esto le ayudará a saber si la raza de perro que está eligiendo tendrá problemas continuos con sus caderas u otros problemas genéticos. Dentro de los perros, las personalidades se heredan y se transmiten. Esto puede ser problemático al elegir un perro de refugio, ya que no tiene ningún fondo genético o conocer a los padres del perro que usted está eligiendo.

Si los antecedentes del árbol genealógico del perro están plagados de perros de asistencia psiquiátrica, genéticamente, el perro será una excelente opción para un perro de servicio psiquiátrico también. Si necesita un perro que le brinde estabilidad, entonces deberá asegurarse de que su perro de servicio psiquiátrico no tenga una predisposición a la displasia de cadera o a los dolores articulares. La realización de una prueba genética le ayudará a conocer estos detalles sobre los perros entre los que está eligiendo.

Un criador cobrará más por un perro de raza pura con un gran bagaje genético. Aunque esto puede ser caro desde el principio, puede terminar costándole mucho menos a largo plazo. Especialmente si usted ha obtenido un perro de refugio que necesita 2 reemplazos de cadera.

Aunque un perro de rescate o refugio puede parecer una gran idea, al principio, pueden costar más dinero a largo plazo si tienen condiciones de salud que necesitan ser mantenidas. Además, pueden crear un vínculo demasiado intenso con sus nuevos dueños, lo que puede generar ansiedad por separación, que puede ser muy difícil de manejar. Los centros de rescate y los refugios ofrecen una forma muy económica de obtener un perro que pueda ser entrenado para ser un perro de servicio psiquiátrico. La mayoría de los perros que vienen de un refugio o rescate ya han sido arreglados; han tenido todas sus necesidades veterinarias básicas para ser satisfechas y a menudo han sido probados para el temperamento, así como la buena ciudadanía. Son un riesgo mucho mayor en el historial genético y los antecedentes médicos ya que son cachorros de refugio o de rescate.

Un desglose de cuánto puede costar un perro de rescate o refugio y un perro de raza pura se enumeran a continuación para que usted entienda la diferencia en el costo.

Perro Adulto Rescatado y Alterado:

Cuota de adopción: 120 dólares

Facturas del veterinario por problemas genéticos o de salud: $2000

Costo de adiestramiento por contratar a un adiestrador: $2000

Equipo de un perro de servicio: $100

Comida y accesorios: $1000

Total general: $5220

Perro comprado a un criador de perros de asistencia psiquiátrica:

Precio de compra: 2500 dólares

Facturas del veterinario: $750

Gastos de entrenamiento con un entrenador: $1100

Equipamiento del perro de servicio: $100

Comida y accesorios: $1000

Total final: $5450

Aunque el precio de compra de un perro de rescate o refugio es inferior, el coste continuado a largo plazo de los gastos médicos lo cambiará drásticamente. El coste de adiestramiento también será muy diferente ya que, al final, tendrá que entrenar continuamente al perro del refugio cuando surjan nuevos comportamientos o para modificar un comportamiento negativo que dificultará su capacidad de adiestramiento al principio. Por lo tanto, empezar con un perro de raza pura desde el principio podría costarle sólo los gastos iniciales que sean necesarios, en lugar de una factura continua de veterinario y de reentrenamiento.

Recuerde que el perro que elija debe ser adecuado para usted y sus necesidades. Debe ser lo más sano posible y tener una vida útil que le proporcione el mayor beneficio por el coste que ha invertido en él. También hay que recordar que los perros que tienen antecedentes genéticos desconocidos o que son perros de refugio de más de 3 años, pueden tener una vida útil reducida basada en la composición genética, así como la cantidad de vida que les queda.

Un cachorro vs. Un perro adulto

Ahora que he explicado las diferencias entre utilizar un perro de refugio y un perro de raza pura, se preguntará si necesita un cachorro o un adulto. Al igual que con los perros de refugio o de pura raza, tendrá que decidir en función de sus necesidades y de lo que quiera. Un cachorro puede ser una experiencia maravillosa si usted está emocional y físicamente preparado para cuidar de un cachorro. Sin embargo, si no lo está, tendrá que adquirir un perro adulto. Con un cachorro, puede observar cómo crece y aprende, y ver cada hito que se produce. Con un adulto, esto ya ha tenido lugar, y es posible que se pierda algunas de las divertidas y bonitas etapas del cachorro. Un cachorro también tendrá que aprender a hacer sus necesidades fuera de casa. Esto significa que hay que dedicar mucho tiempo a entrenar al nuevo cachorro en la jaula.

La socialización también es necesaria para un nuevo cachorro. Deberá conocer a otros cachorros para saber cómo jugar y no ser agresivo con otros animales o personas. Los cachorros tienden a morderlo todo y entrenarlos para que no lo hagan puede costarle tiempo, dinero y disgustos. Ten en cuenta esto cuando te decidas a elegir un cachorro o un perro adulto.

A menudo, usted encontrará un perro adulto es más estable en sus personalidades, y no están en las etapas de la masticación más. Suelen estar bien entrenados para ir al baño y conocen la obediencia básica. Esto les da una ventaja sobre un cachorro, especialmente porque los cachorros necesitan todo el trabajo extra antes de que puedan empezar a ser entrenados para perros de asistencia psiquiátrica. Si adquiere un perro de exposición retirado, habrá encontrado un perro acostumbrado a las multitudes y a otros animales. Esto significa que el mundo exterior no les distraerá. Pero esto también significa que, como adultos, pueden haber experimentado situaciones en sus vidas que pueden crear desencadenantes o dificultades. Esto puede dificultar su adiestramiento, sobre todo si fueron traumatizados a una edad temprana por personas o animales. A veces, el perro puede asustarse si alguien se acerca por detrás y le da un golpe en el trasero; esto ocurre a menudo. Esto puede crear un problema, especialmente si el perro muerde al niño debido a un trauma pasado. En el mismo caso, el perro podría haber tenido algunas experiencias negativas con hombres con sombrero y podría responder de forma negativa a un hombre con sombrero. Es posible que nunca aprenda a sentirse cómodo con esos hombres. Esto puede hacer que sea difícil encontrar un perro adulto adecuado que sea una opción viable para sus necesidades de perro de servicio psiquiátrico.

Otra preocupación es el tiempo de vida del perro que elijas. Por eso, sólo debe empezar con un perro que tenga menos o no más de 2 años.

Hay varias maneras de probar y ver qué perro es el mejor para sus necesidades. Una forma es probar su temperamento. Al probar el temperamento del perro, usted es capaz de averiguar si el perro será capaz de manejar situaciones difíciles. Una gran prueba que se puede utilizar para este tipo de pruebas es la prueba de temperamento Volhard.

Considere que un perro adulto tiene un temperamento estable cuando vive en un hogar estable. Un perro adulto que vive en un refugio estará nervioso y estresado. Por lo tanto, el temperamento de ese perro va a ser difícil de leer al principio. Si el cachorro tiene su temperamento a las 8 semanas, esto no puede identificar viablemente el temperamento del perro. Lo único que sería fiable sería el miedo y los niveles de confianza que se exhiben en situaciones nuevas. La prueba de la madre de un cachorro puede dar el mayor predictor de la capacidad del cachorro para ser un perro de servicio psiquiátrico. Si la madre es un perro de servicio psiquiátrico competente con un gran temperamento, entonces el cachorro tendrá una mayor probabilidad de ser un gran perro de servicio psiquiátrico.

Debido a toda esta información, debe elegir un cachorro que tenga una madre de temperamento uniforme y estable y que sea un perro de servicio psiquiátrico aceptable o elegir uno que esté viviendo en un hogar estable con el temperamento adecuado. Para encontrar un cachorro que tenga el temperamento adecuado, debe buscar un criador de perros de asistencia psiquiátrica. El criador no sólo puede mostrarle el temperamento de la madre y el padre, sino también proporcionar la genética familiar del cachorro. Esto le ayudará a descartar cualquier tipo de predisposición a los marcadores genéticos de enfermedades y dolencias. No es necesario que la madre sea un perro de servicio psiquiátrico para que tenga un gran temperamento. Considere la posibilidad de buscar perros que sean perros de terapia, perros que tengan competencia en el trabajo de obediencia o de servicio, así como disposiciones extremadamente relajadas. Muchos de los perros que están siendo criados para perros de exhibición también están siendo criados para el temperamento adecuado para los perros de asistencia psiquiátrica.

Si está interesado en conseguir un perro adulto adecuado, consulte a los perros de exposición retirados. Necesitará un perro que haya vivido en un entorno estable durante un largo periodo de tiempo. Si se pone en contacto con un criador, es posible que pueda obtener un descuento en un perro que haya sido devuelto o retirado de ser un perro de exposición. Al comprar un perro que ha sido devuelto al criador, usted es capaz de obtener uno que es ligeramente más barato, así como tiene una historia familiar. Los perros de exposición retirados han sido extremadamente socializados. También han sido entrenados por adiestradores con experiencia y conocimientos.

Lo básico que debe recordar es que, independientemente de lo que elija, ya sea un criador, un rescate, un cachorro o un adulto, no debe preocuparse por el coste del perro, ya que será una gran inversión a lo largo de toda su vida. El coste de la atención médica o el tiempo que se pierde con un perro que no es apto es mucho más importante a largo plazo. Dado que el cachorro del criador puede costar $2000, y un reemplazo de cadera por una condición de displasia de cadera heredada puede costar el doble si no más que eso, usted realmente necesita considerar encontrar un perro que tenga una historia familiar junto con él. Un perro con inestabilidades emocionales puede costar entre 1000 y 2000 dólares por las 20 clases particulares que necesitará el adiestrador.

Por lo tanto, aunque el cachorro puede ser la opción más linda, a veces, es mejor ir con un perro más viejo para que usted no tiene que invertir tiempo extra y la formación en el cachorro que tiene que obtener la obediencia básica, así como el entrenamiento para ir al baño y los comportamientos de mascar.

Al final, usted es capaz de hacer la elección de si usted quiere encontrar su perro del refugio o criador y si ese perro será un bebé o un perro adulto. Todo está determinado por la cantidad de dinero que quiere gastar a largo plazo durante la vida del perro.

En el siguiente capítulo, aprenderá a elegir los accesorios y equipos adecuados que necesitará para su perro de servicio psiquiátrico. He dado detalles sobre varios tipos de collares y arneses, así como de correas y cómo benefician a su entrenamiento

¿TE GUSTA LO QUE ESTÁS LEYENDO? ¿QUIERES ESCUCHARLO EN FORMA DE AUDIOLIBRO? ¡HAZ CLIC AQUÍ PARA OBTENER ESTE LIBRO GRATIS AL UNIRTE A AUDIBLE!

https://adbl.co/2YqyNOh

71

CAPÍTULO 4
ELEGIR EL EQUIPO ADECUADO PARA SU PERRO

Una vez que haya localizado el perro exacto que utilizará para su Servicio Psiquiátrico, deberá determinar qué equipo, así como collares y correas, querrá utilizar. Hay varias opciones en el mercado hoy en día, y determinar qué usará se basa en sus preferencias y necesidades.

Siempre se ha debatido acerca de un collar o arnés dentro de la comunidad del dueño del perro. Varias personas creen firmemente que un collar puede provocar asfixia, y tienen razón. Sin embargo, su perro de servicio psiquiátrico nunca debe estar en una posición en la que se ahogue con su collar. Mucha gente cree que los arneses son los mejores para entrenar y pasear a su perro. Sienten que, dado que no se adhiere al área de la garganta, agrega una forma más segura de mantener a su perro bajo control. En este capítulo, discutiré las diferencias entre los dos y lo que debería considerar como factor decisivo.

Collar vs Harnes

¿Cuál es la diferencia entre un collar y un arnés? ¿Cuál es el mejor para tu perro? ¿Cuál te ayudará con el proceso de adiestramiento de un perro de servicio psiquiátrico? ¿Qué te ayudará con tus necesidades?

Todas estas son preguntas que deben hacerse para ayudar a determinar cuál le brindará las mejores opciones. Hay algunas ventajas para cada uno, y a continuación enumeraré las diferentes ventajas.

- Un arnés es bueno para usar cuando se entrena a un cachorro que no ha aprendido completamente a caminar. El arnés puede evitar que el perro se enrede con la correa y se lastime.

- Los arneses brindan más control al manipulador. Esto es extremadamente importante cuando entrena a su perro en una calle muy transitada o en un área muy concurrida.

- Cuando entrena a un perro excepcionalmente grande, puede tener más control. Esto también le proporcionará la posibilidad de tomarse las cosas con calma en la espalda y los brazos.

- Si un perro pequeño tira o tira de una correa, será más fácil lesionarlo. Dado que el arnés puede ayudar a que la presión de la correa se disperse por todo el cuerpo del perro, esto reducirá la tensión que se produce en la espalda y el cuello del perro.

- Un arnés también disuadirá a los perros de tirar. El arnés se puede sujetar al pecho o los omóplatos del perro. Esto redirigirá al perro para que no tire más, ya que el tirón no le dará ningún resultado.

- Los arneses también brindan una forma para que el perro esté confinado a la correa sin tener la capacidad de escapar de la correa. Muchos perros son pequeños artistas del escape, y se saldrán de sus collares y despegarán cuando no estén entrenados profesionalmente. El arnés evita que esto suceda.

A continuación se enumeran algunas ventajas más sobre los arneses:

- Son una herramienta eficaz para la formación. Esto es especialmente cierto para los cachorros.

- Un arnés funciona bien para la mayoría de las razas, pero el uso de un arnés beneficia enormemente a razas específicas. Estos perros incluyen pugs que son propensos a que sus globos oculares se salgan debido a la presión alrededor de su cuello.

- Le ayudan a proporcionar una presión más controlada para el perro, lo que lo disuade de tirar o tirar del guía, así como de saltar.

- Mantendrán a un cachorro distraído para concentrarse extremadamente.

- Un perro con nariz corta también es un gran candidato para usar un arnés. Esta es otra razón por la que se debe usar un pug.
- Si el perro tiene una lesión en el cuello o problemas respiratorios, entonces un arnés ayudará con esto. Debido al estrés que un collar coloca en la garganta cuando se tira, la tráquea puede agravarse y esto provocará tos.

Sin embargo, hay algunas desventajas de usar un arnés. Estos se enumerarán a continuación.

- Es posible que a su perro no le guste mucho el arnés.
- Un arnés que se sujeta en la parte posterior no será un éxito total para su perro. Los arneses con clip para la espalda entrenan al perro a enfocar su atención lejos del guía, lo cual no es bueno.

Ahora, discutiré los beneficios de un collar para un perro en entrenamiento. A continuación se muestran las ventajas que se pueden derivar de un collar cuando se usa para su perro en el adiestramiento.

- Puede ser una idea inteligente para los cachorros a los que no les gusta el arnés y necesitan esa comodidad adicional.

- Son visibles y funcionan correctamente. Pueden proporcionar un lugar para la identificación de su perro, las placas de rabia y la placa de licencia. Esto los hace convenientes.

Sin embargo, existen muchas desventajas con los collares y sus perros. Estos se pueden encontrar a continuación.

- No proporcionan herramientas de formación ideales.
- Si el perro tira un poco, puede aumentar las posibilidades de lesionarse el cuello.
- El collar puede causar presión en el ojo al tirar, y esto puede empeorar la progresión del glaucoma en el perro o incluso aumentar los signos de lesiones oculares.

- También pueden aumentar las posibilidades de problemas de tiroides, así como problemas de comportamiento debido al aumento del dolor y las lesiones en los oídos y los ojos debido a la presión en el cuello.

    Como precaución, se debe usar un collar con fines de identificación y arneses para entrenar y caminar.

Hay varias variedades de arneses y collares que se pueden comprar, cada uno con un estilo y función únicos. A continuación se muestra un desglose del estilo de collares y arneses que he usado en el pasado o que he investigado.

Collar de Hebilla Plana

El collar de hebilla plana es un collar popular que muchas personas utilizan. Esto se debe principalmente a que es básico y se encuentra ampliamente. Estos son grandes para la identificación. Sin embargo, permiten que el perro para tirar y causar la tensión del cuello. Si su perro está bien entrenado para caminar con una correa y no tirar de su collar, entonces esto va a hacer muy bien.

Arnés Corporal

Los arneses del cuerpo son otro arnés extremadamente popular que se aplica con un accesorio de la parte posterior y se utiliza lo más a menudo posible con las razas pequeñas del perro. Este arnés está diseñado para evitar que la garganta se dañe cuando el perro tira de la correa. También es bastante útil para evitar que la correa se enrede debajo de las patas del perro. El arnés corporal ofrecerá más control al adiestrador y menos control al perro. Esto requerirá que usted tenga más control y fuerza. Si quiere permitir que su perro corra y haga ejercicio, entonces la correa más larga es ideal para este tipo de arnés.

Arnés de Caminata Fácil

El arnés de caminata fácil tiene un enganche para la correa con un arnés orientado hacia el frente. Esto puede redirigir la atención del perro para que no tire y también permitir que el manejador para tirar de ellos hacia atrás. La flexibilidad del arnés es una manera maravillosa de proteger a su perro que es sensible al cuello, y le permite tener 4 puntos de ajuste diferentes que pueden ser un ajuste perfecto para su perro.

Arnés de malla suave

Los arneses de malla suave son otra forma maravillosa de conseguir un arnés de moda para su mascota. Son ligeros y proporcionan un arnés transpirable para el perro. Con la hebilla de estilo de liberación rápida, puede ajustar fácilmente el arnés. Vienen en ocho diferentes tonos de colores brillantes. Son una gran opción para los perros pequeños, especialmente las razas de juguete. También son una amplia selección para los perros que son sensibles alrededor del cuello y los cachorros que necesitan arneses más suaves.

Arnés de Nylon para Perros

Los arneses de nylon para perros son simples de ajustar hechos de nylon que pueden venir en varios tamaños con colores divertidos para adaptarse a un individual de la personalidad. Tienen un precio muy razonable y son adecuados para todos los perros.

Arnés Enfriante y Reflectante

Los arneses con función refrigerante y reflectante son otra gran opción. Proporcionan un efecto de enfriamiento con una cualidad reflectante. El arnés de enfriamiento tiene un paquete de enfriamiento que puede ser reemplazado para mantener al perro fresco en los meses más calurosos. Llene sus bolsillos con un poco de agua fría y colóquelo en el congelador, y esto garantiza que el perro se mantenga fresco mientras hace agilidad y también caminatas o paseos en climas cálidos.

Arnés de Gancho Frontal

Un arnés de gancho frontal se ve similar al arnés del cuerpo mencionado anteriormente, excepto que la correa se adjunta en una posición diferente, que está en la parte delantera de la zona del pecho del perro. Este es un gran arnés para pasear a su perro, ya que si el perro tira, el arnés se aplica la palanca y mantenerlos de tirar.

CABESTROS

Los cabestros para la cabeza son otra forma de aplicar un cabestro a su perro para su control. Esto le proporcionará todo el control para la cabeza de su perro, y mantiene el perro en jaque y bajo control. Esto le dará la mayor oportunidad para el control al caminar a su perro. Si usted tiene un perro excepcionalmente grande, entonces este es un gran arnés para que usted utilice. También proporciona la palanca, que le permite utilizar menos fuerza para el control. El uso de una correa larga nunca debe hacerse con un cabestro. Esto puede dañar al perro si tira y es detenido repentinamente por la correa.

COLLARES MARTINGALE

Los collares Martingale son otro de los collares que mucha gente ha estado utilizando últimamente. Debido a su capacidad para apretar alrededor del cuello del perro, tiene una oportunidad limitada para deslizarse fuera del cuello del perro. El apriete sólo va tan lejos como el ajuste en el collar permitirá. La cadena de ahogo tradicional puede causar mucho daño al cuello, por lo que este collar fue diseñado para no hacer el daño que la cadena de ahogo haría. Sin embargo, todavía proporciona la misma función. Dado que los perros se mueven fuera de sus collares, este collar fue diseñado para evitar que eso suceda. La correa se une a un bucle que se encuentra en el collar, y esto ayuda a que el collar se apriete cuando sea necesario.

CORREAS Y LA VARIEDAD QUE PUEDES ESCOGER

Las correas son otro accesorio necesario para el adiestramiento de un perro para los asistencia psiquiatrica. Hay correas de varias longitudes y estilos. La correa que usted elija es la pieza más importante del equipo para el entrenamiento de su perro. La correa proporciona al adiestrador el control y refuerza los procedimientos de adiestramiento. Utilizando la correa adecuada, ayudará al perro a aprender qué es y qué no es un comportamiento aceptable. En casi todos los estados existe una ley sobre la correa que establece que es obligatoria para los animales de compañía y de servicio. Las correas ayudan a entrenar al perro para que se comporte correctamente. También le permiten mantener a su perro seguro y protegido cuando está en el exterior.

A continuación, he enumerado algunas de las correas más populares en el mercado, y luego voy a entrar en un poco de detalle acerca de cómo pueden ayudarle con sus necesidades.

- La correa plana estándar
- Las correas de deslizamiento
- Las correas bungee y de goma extensible
- Las correas retráctiles

- El collar Gentle Leader
- Las correas con arnés
- Las correas Martingale

La correa Martingale es similar en estilo a la correa Slip ya que ambas funcionan como un collar y una correa. Esta correa se parece a un collar que se une a una correa añadiendo capacidad de ajuste a la correa. Esta fue diseñada para una cabeza más pequeña y un cuello más grueso, como los galgos. Esto significa que evita que el perro se salga del collar en lugar de poder hacerlo. Se aprieta sobre el perro para detener este comportamiento. Estos no se ven muy a menudo entre los entrenadores de perros, pero puede ser utilizado con éxito con los perros que son propensos a tirar. La martingala se ajusta a la fuerza con la que se tira. Esta correa también tiene un collar y una correa fácil de poner y quitar. Esto significa que no se tarda en poner y quitar la correa, por lo que su uso para una correa rápida es una gran idea.

La Correa Plana Estándar

Esta es la correa estándar que todo el mundo está utilizando. Tienen una simple abrazadera o broche que ayuda a fijar la correa al collar o arnés que está en el perro. Vienen en 4 pies o 8 pies de longitud. Se enganchan al collar y permiten que su perro tenga un rango de espacio para caminar. Las opciones de material para una correa plana puede ser cualquier cosa, desde el nylon al cuero. Hay varios estilos, y los más populares son los que tienen una apariencia de cuerda. Como son fuertes y de excelente calidad, pueden funcionar con cualquier perro. Proporcionan una buena dosis de seguridad y permiten al adiestrador tener el control del perro. Lo mejor es empezar con una correa de 4 pies para asegurarse de tener todo el control. Una vez que el perro está acostumbrado a los procedimientos y tiene toda la formación que necesitan, entonces usted puede extender su correa a una longitud más larga. Este es un elemento básico en el departamento de accesorios de tener un perro, incluso un perro de asistencia psiquiatrica

Las Correas de Deslizamiento

Este es el estilo de correa que se utiliza en los refugios. Funcionan como un collar y una correa. A menudo se utilizan para el entrenamiento de los perros, ya que son fáciles de conectar y desconectar del cuello del perro. Parecen una correa normal, pero tienen un pequeño anillo de metal en el extremo de la correa. Tirando de la correa a través del anillo de metal, se puede crear una especie de collar para envolver el cuello del perro, creando una correa y un collar sin fisuras. La colocación de esta correa en el perro es especialmente importante. Debe estar en lo alto del cuello del perro, cerca de las orejas, para que no le cause problemas de garganta, como tos o asfixia. Esta puede ser una zona sensible para el perro, por lo que evitará que el perro tire con fuerza de la correa. Esta no es una solución a largo plazo para el entrenamiento del perro o la seguridad.

Las Correas Bungee y de Goma Elástica

Esta es una correa que debe evitarse a toda costa. No proporciona un control adecuado para el adiestrador cuando trata de corregir los comportamientos del perro. Dado que la correa bungee o estirable va a rebotar por sí misma, esto significa que el adiestrador no está obteniendo todo el control que necesita para entrenar al perro. Esto anulará la capacidad del adiestrador para manejar al perro.

Las Correas Retráctiles

Una correa retráctil es capaz de proporcionar a su perro hasta 30 pies de libertad de la correa. La correa es una fina cuerda trenzada que sale de un mango de plástico. El mango contiene un sistema mecánico que permitirá que la correa se extienda a la longitud completa, así como un botón que le ayuda a retraer la correa con una simple pulsación del botón. También proporciona una manera de detener la correa de extender y retraer más allá de un cierto punto. Es una correa extremadamente ineficaz cuando se necesita un entorno controlado. Como no tiene un tiempo de respuesta rápido, permite que el perro se aleje demasiado y no proporciona suficiente control para el manejador. Esto puede llevar a situaciones que pueden llegar a ser extremadamente peligrosas, especialmente si otro perro se enfrenta al perro. Otra cosa que no es efectiva con esta correa es que la fina cuerda trenzada puede enredarse dentro de los mecanismos y ser inútil. También puede enredarse en las patas del perro y otras extremidades, así como en las manos del dueño. Al utilizar una correa retráctil, puede influir en su perro para que crea que le controla a usted en lugar de que usted le controle a él. Esto no proporciona al perro límites claros y puede confundirle.

El Collar del Líder Gentil

Es similar al bozal de un caballo y proporciona una forma más suave de detener los tirones. Este arnés se coloca sobre el hocico del perro y se utiliza para tirar de él hacía usted con un suave tirón de la cabeza hacia usted. Esto redirigirá la atención del perro y le dará una clara señal de quién tiene el control. Sin embargo, es una correa muy incómoda para el perro. El lenguaje corporal del perro le dará una pista de cómo se siente con este tipo de arnés y correa. Si el perro muestra signos de que no le gusta, entonces yo sugeriría no usarlo. La correa puede causar la pérdida de pelo alrededor del hocico, así como hendiduras permanentes que pueden ser incómodas para el perro. Si usted quiere un perro entrenado profesionalmente, entonces esta correa no es una gran opción, ya que sólo les enseña que va a tirar de su cabeza en el caso de que tire.

Las Correas de Arnés

Esta es una correa y un arnés que viene en una sola pieza. Esto se utiliza generalmente para los perros que saltan. Es una forma efectiva de enseñarles a no saltar. La correa del arnés puede apretar alrededor del cuerpo del perro cuando él trata de saltar o tirar. Este arnés disminuirá la presión que se aplica a la tráquea, y esto es siempre una gran opción. Sin embargo, es necesario asegurarse de utilizarlo correctamente para evitar el mal uso de la correa y evitar las lesiones que podrían producirse. Por otra parte, el uso de un arnés tradicional puede proporcionar demasiada presión en la zona del pecho, y esto dará lugar a que el perro tire mucho más de la correa.

Por lo tanto, qué correa es mejor para qué tipo de perro y qué debe elegir parece ser la pregunta principal cuando se trata de correas y su nuevo perro de servicio psiquiátrico. Si tiene un perro hiperactivo, necesitará una correa que le permita controlar al perro. Si el perro no es muy hiperactivo y tiende a ser relajado, entonces una correa que es más suelta en el control será una buena opción para este tipo de perro. Cada perro es diferente, y cada correa proporciona una cantidad diferente de control, así como la funcionalidad.

Correa y Collar Sencillo

Una correa simple con collar puede ser una excelente opción para mantener al perro equilibrado y seguro a su lado. Sin embargo, esto sólo es lo mejor para los perros alegres y tranquilos. Un perro con un entrenamiento de obediencia adecuado puede ser controlado fácilmente con esta correa.

Collar Antideslizante

Si su perro presenta problemas durante el paseo, una correa de adiestramiento puede ser una gran herramienta que ofrece un gran control cuando el perro se comporta mal. Este es un gran collar y correa para un perro que se distrae fácilmente y puede ser un gran activo para conseguir la atención de su perro de nuevo a la tarea en cuestión. Al dar un tirón firme, rápido y hacia un lado, puede desviar la atención del perro hacia el adiestrador. Esto hará que el perro pierda el equilibrio y redirija su atención hacia el adiestrador en lugar de hacia el acto de tirar. Esto también le permitirá tener en cuenta la seguridad de su perro, permitiéndole dar una corrección segura al perro.

CAPÍTULO 5
SEGURO DE MASCOTAS Y CUIDADO DE SU PERRO DE SERVICIO PSIQUIÁTRICO

Otra cosa otra cosa que tendrá que investigar, así como considerar cuando se busca obtener o entrenar a su propio perro de servicio psiquiátrico es el seguro de mascotas y la cantidad de responsabilidad que tendrá cuando el cuidado de su perro.

El seguro para mascotas es algo que puede ser proporcionado por algunas compañías de servicios. También hay programas de pago dentro de las oficinas veterinarias que le proporcionan servicios veterinarios en una base de pago mensual. No se trata de un plan de pago por los servicios prestados, sino de un plan que le cobra por mes los servicios que aún no se han prestado.

En este capítulo, desglosaremos los beneficios y las ventajas de tener un plan de seguro para mascotas y los tipos específicos que están disponibles. También hablaré de los servicios necesarios que su perro de servicio psiquiátrico necesitará para estar en forma. Luego, por último, hablaré de cómo un plan de bienestar puede diferir de un plan de seguro para mascotas y qué beneficios se obtienen al usar uno.

Seguro de Mascota vs. Wellness Plan de Bienestar en Veterinaria

El seguro para mascotas no es como un plan de seguro tradicional para humanos. Si fuera a comprar un plan de seguro para mí, cubriría las revisiones de rutina y tendría un pequeño plan de cobertura para los servicios de emergencia y las cirugías. Sin embargo, con un plan de seguro para mascotas, tendrá que estar cubierto para los chequeos de alguna otra manera, ya que el plan de seguro sólo cubre los servicios de emergencia y las enfermedades que surgen de repente. Se trata de servicios que podrían llegar a quebrar la cuenta bancaria de ahorro del cuidador. El plan de bienestar para mascotas es lo que se necesitaría para cubrir simplemente las revisiones rutinarias.

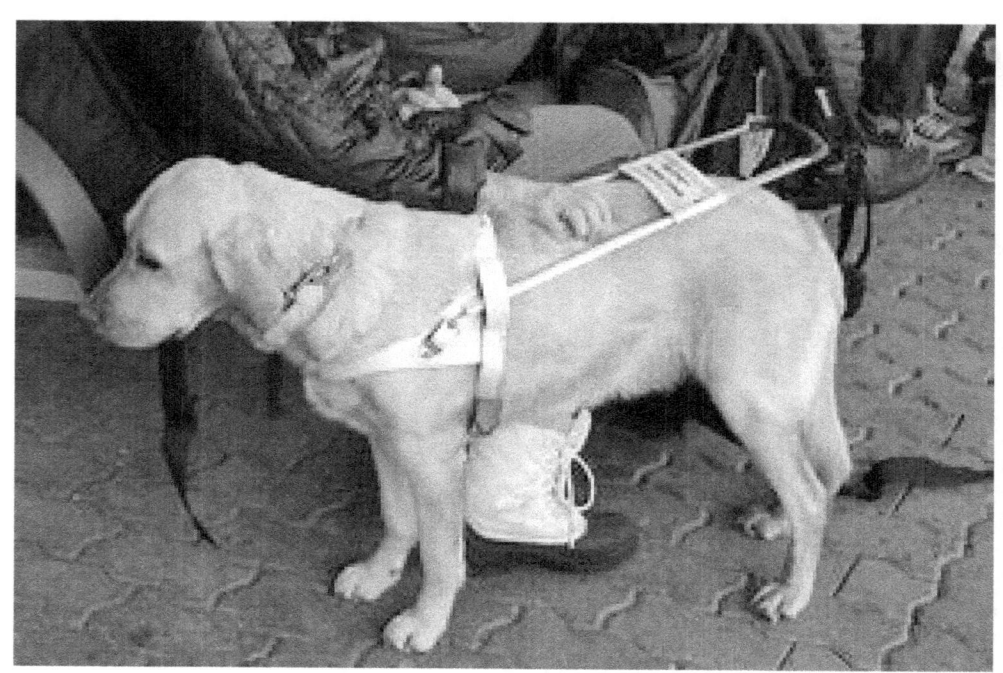

¿Y qué Obtienes con un Seguro para Mascotas?

Con la cobertura del seguro, usted obtiene varios beneficios de cobertura. Muchos de estos servicios cubiertos pueden ser bastante caros sin un plan de seguro, y aunque todos pensamos que esto nunca nos ocurrirá, suele ocurrir.

Con un plan de seguro, tendrá cobertura para:

- Cirugía
- Enfermedad
- Accidentes
- Afecciones ortopédicas
- Atención de urgencia
- Terapia
- Enfermedades hereditarias y congénitas
- Medicación con receta
- Rayos X
- Resonancia magnética
- Hospitalización
- Escáneres de gato
- Ecografías, etc.

¿Qué Obtienes con un Plan de Bienestar?

Con un plan de bienestar, usted obtiene cobertura para todas aquellas cosas que no están cubiertas por un plan de seguro para mascotas tradicional. Esto puede incluir varios beneficios que le durarán durante años, ya que su perro necesitará muchas rondas de vacunas y revisiones.

A continuación se enumeran las opciones de cobertura que recibirá al adquirir un plan de bienestar para mascotas:

- Limpiezas dentales
- Exámenes anuales
- Análisis de orina
- Esterilización
- Tratamientos contra pulgas, garrapatas y gusanos del corazón
- Vacunas de rutina (rabia, DHLP, Bordetella, Parvo, Lyme, giardia)
- Análisis de sangre de rutina

- Pruebas del gusano del corazón
- Microchip
- Pruebas fecales

Con los seguros para mascotas, a menudo se puede incluir un plan de bienestar como complemento. Sin embargo, no todos los planes de seguros ofrecen este plan de bienestar como complemento. A continuación, se analizarán en detalle varias de las opciones que tiene para adquirir un plan de seguro para mascotas y un plan adicional de bienestar, para que pueda ver los beneficios que cada uno ofrecerá a su perro de servicio psiquiátrico.

PetsBest Cobertura de Cuidados Rutinarios con Planes de Bienestar

El Plan de Cobertura de Cuidados Rutinarios de PetsBest es una de las opciones más populares. Tienen dos opciones de cobertura para el plan de bienestar. Estas son:

- BestWellness
- EssentialWellness

Se trata de productos adicionales que se pueden añadir al plan de seguro que usted adquiere para su mascota. Cada uno de ellos cubre muchos tratamientos y servicios diferentes. Aunque cubren estos servicios de bienestar, hay un límite por artículo que hay que entender. También hay que añadir el paquete de bienestar dentro de los 30 días siguientes a la compra del plan de seguro para mascotas, así como dentro de los 30 días siguientes a la renovación del plan de seguro. La cobertura cuesta entre 14 y 30 dólares al mes, y esto depende del tipo de plan que elija comprar para su mascota, así como del estado en el que viva. También tiene una clasificación o tope por artículo, lo que significa que el plan de bienestar sólo cubrirá las vacunas por 80 dólares y el examen anual por 50 dólares. Si tu veterinario te cobra más, tendrás que cubrir la diferencia.

Con este plan, no tendrás deducibles por los servicios prestados, y tu cobertura comenzará al día siguiente de pagar.

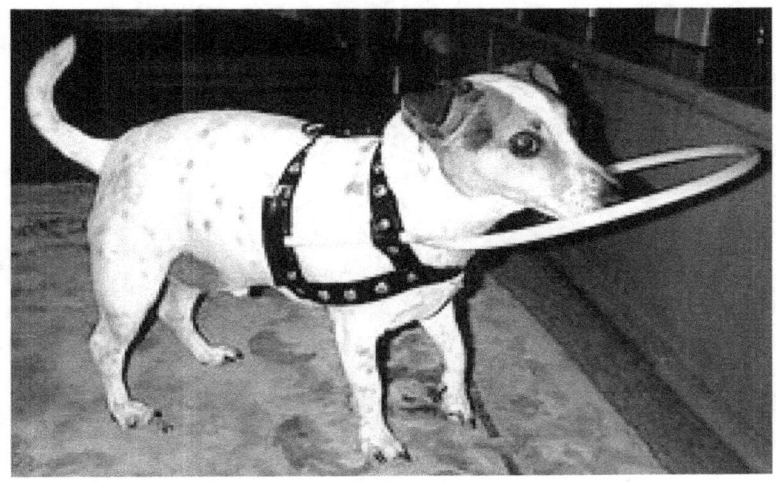

El desglose de PetsBest puede verse en este simpático gráfico.

	EssentialWellness	BestWellness
Por mes	$16 en cada estado, solo en Washington son $14	$26 cada estado, solo en Washington son $30

Esterilización/blanqueamiento dental	$0	$150
Rabia	$15	$15
Prevención de pulgas/garrapatas	$50	$65
Prevención de gusanos del corazón	$30	$30
Vacunación y certificación	$30	$40
Examen de salud	$50	$50
Prueba del gusano del corazón	$25	$30
Examen de sangre, heces y parásitos	$50	$70
Microchip	$20	$40
Análisis de Orina	$15	$25
Desparasitación	$20	$20
Beneficios Anuales Totales	$305	$535

COBERTURA DE BIENESTAR 24PETWATCH CON PLANES DE BIENESTAR Y PLANES DE BIENESTAR AVANZADOS

Este plan de seguro tiene 2 opciones de cobertura adicionales para un plan de bienestar. Cada uno de estos planes tendrá límites de cobertura.

Estos planes comienzan en $10 por mes para el complemento de bienestar de rutina y la cobertura de bienestar avanzada de $25 por mes. Con este plan, no hay deducible. He incluido una tabla a continuación para que usted pueda ver las diferencias en la cobertura. Esto le ayudará a ver las diferencias entre dos tipos diversos de opciones de cobertura entre las dos compañías.

	Rutina de Salud	Bienestar Avanzado
Limpieza Dental Estudio Fecal	N/A	$100
Prevención de gusanos del corazón, pulgas y garrapatas	N/A	$55
Prueba **del gusano del corazón o prueba del virus de leucemia felina.**	$15	$15
Procedimiento de microchip y/o análisis de orina	$20	$20
Esterilización y/o análisis de sangre de bienestar	$80	$100
Examen de Salud	$40	$50

Vacuna de Bordetella canina/ vacuna de virus de leucemia canina	N/A	$15
Certificado DHLPP canina o vacuna FVRCP feline	$15	$15
Certificado **contra la rabia y/o vacuna/Certificado contra el Lyme, o vacuna/Certificado contra el FIP**	$15	$15

Plan Seguro de salud para mascotas de ASPCA con un plan preventivo

La ASPCA ofrece 2 planes preventivos separados que cubren los servicios de rutina que se utilizan para evitar que su perro de asistencia psiquiátrica se enferme. Este es un plan básico que tiene servicios limitados en comparación con un plan principal que tiene más servicios proporcionados fuera de los ofrecidos por el plan básico. Estos planes preventivos estarán cubiertos por la marca Hartville. Con el plan preventivo, no hay periodo de espera ni deducible.

A continuación encontrará un cuadro que le ayudará a comprender las coberturas que están a su disposición a través de este plan.

	Básico	Premium
Por mes	$9.95	$24.95
Limpieza dental	$100	$175
Vacunación antirrábica	$20	$25
Prevención de pulgas y gusanos de corazón	$0	$50
Vacuna de DHLP/ Certificado	$20	$25
Vacuna de Bortadella/ certificado	$0	$25
Prueba fecal	$20	$25
Examen de salud	$50	$50
Prueba del gusano de corazón.	$20	$25

Análisis de sangre	$0	$25
Microchip	$20	$40
Análisis de orina	$0	$25
Certificado de salud	$0	$25
Desparasitación	$20	$25
Beneficios anuales totales	$250	$500

Como puede ver, cada una ofrece dos opciones de compra diferentes para el complemento de bienestar con un plan de seguro. Cada una de ellas tiene una cantidad determinada de cobertura y le ofrece varias medidas preventivas u opciones de pruebas. Con el seguro independiente, éste sólo cubre algunas situaciones de emergencia y enfermedades que surgen cuando son inesperadas.

Las prestaciones que se ofrecen para un plan de bienestar pueden incluir varias de estas opciones.

- Exámenes de bienestar
- Microchip
- Acicalamiento
- Desparasitación
- Prevención de parásitos

- Vacunas
- Entrenamiento del comportamiento
- Cuidados dentales
- Esterilización
- Exámenes de rutina

Y cuando se combina con un plan de seguro para mascotas, puede obtener beneficios adicionales que le ayudarán en esos momentos de necesidad urgente. Estos beneficios incluyen los que se enumeran a continuación.

- Accidentes
- Afecciones ortopédicas
- Condiciones hereditarias y congénitas
- Enfermedades
- Medicamentos recetados
- Atención de urgencia

Cuando se inscribe en un plan de bienestar, puede pagar sólo por lo que utiliza, y está cubierto por una pequeña cuota mensual. Con el seguro, pagará una cuota mensual que le proporcionará una cobertura con un límite anual, una franquicia por incidente y una tasa de reembolso sin atención rutinaria. Esto determinará cuánto será su coste mensual en función de los porcentajes o el límite que tenga para los servicios al año.

A continuación se muestra un ejemplo de lo que puede esperar al contratar la póliza de seguro para su mascota.

Seguro Para Mascotas PetFirst

Límite anual	$10,000
Deducible por incidente	$250
Tasa de reembolso	%80
Cuidados de rutina	N/A
Tarifa mensual	$80.50

Limite anual	$10,000
Deducible por incidente	$250
Tasa de reembolso	%80
Cuidados de rutina	N/A
Tarifa mensual	$97.50

PetPlan

Limite anual	$10,000
Deducible por incidente	$250
Tasa de reembolso	%90
Cuidados de rutina	N/A pruebas de laboratorio, suplementos dietéticos, eutanasia al final de la vida,
Tarifa mensual	$50.72

Adopción

Limite anual	$15,000
Deducible por incidente	$750
Tasa de reembolso	%80

Cuidados de rutina	N/A, cobertura de bienestar $250, laboratorio $10,000, suplementos dietéticos $250 como parte del plan de bienestar, fin de vida y entierro $10,000, $250, eutanasia al final de la vida $10,000, cobertura de viaje $10,000 lesiones y enfermedad solamente.
Tarifa mensual	$21.02

TRUPANION

Limite anual	Ilimitado
Deducible por incidente	$250 por condición
Tasa de reembolso	90%
Cuidados de rutina	N/A, laboratorio- ilimitado, suplementos dietéticos- ilimitado, fin de vida y entierro- ilimitado, eutanasia al final de la vida- ilimitado, cobertura de viaje- ilimitada- sólo para lesiones y enfermedades.
Tarifa mensual	$35.04

ASPCA

Límite anual	$2,500 límite de por vida
Deducible por incidente	$250
Tasa de reembolso	70%
Cuidados de rutina	2.500 $ -ilimitado con atención preventiva adicional, cobertura de viaje sin visita a domicilio dentro de EE.UU. y Canadá
Tarifa mensual	$12.89

Cada una de estas compañías tiene un estándar diferente en el que basan su cobertura, y cada una de estas tarifas se muestra con varios niveles de cobertura. Esto es para darle una base con la que puede solicitar la cobertura. Todos tenemos diferentes necesidades y niveles de ingresos, así como perros. Estas tarifas se basan en un perro joven, un pastor australiano, sin condiciones preexistentes ni marcadores genéticos.

Como puede ver, puede optar por un plan de seguro que sea una póliza independiente, o puede optar por un plan de seguro y un paquete de bienestar. Si no le preocupan las lesiones o los accidentes que pueda sufrir su perro, una póliza de bienestar independiente es otra opción que puede ser la más adecuada para usted. Lo que elija dependerá de sus necesidades, su capacidad financiera y su disponibilidad en su zona.

CAPÍTULO 6
REGULACIONES GUBERNAMENTALES

Dado que el gobierno tiene una mano en todas las cosas dentro de los EE.UU., voy a repasar algunas de las regulaciones que son los factores decisivos que debe considerar al entrenar su propio perro de servicio psiquiátrico. La Ley de Estadounidenses con Discapacidades tiene una cobertura específica que se refiere a las leyes sobre personas con discapacidades, vivienda, espacios de acceso público, viajes y mucho más. También ayuda a identificar lo que es una persona con discapacidad o impedimento y cómo reconocer a los perros de servicio psiquiátrico que son cuidados por aquellos que son discapacitados y sus derechos como individuos discapacitados. La ADA establece que las personas discapacitadas y con deficiencias que tienen un perro de servicio psiquiátrico deberán tener acceso a su perro de servicio psiquiátrico en todo momento, y por lo tanto se les permite llevarlos a los médicos, al hospital, en un avión, tren, autobús o cualquier otra instalación o transporte de acceso público. También establece que la vivienda tiene que hacer ajustes razonables para que la persona que es discapacitada conviva con su animal de servicio.

¿Cómo Registro a mi Perro de Asistencia Psiquiátrica?

Para tener un perro de asistencia psiquiátrica, es necesario entrenarlo adecuadamente. Según las leyes de la ADA, no tiene que pagar a alguien para que entrene a su perro para los servicios que necesita. Sin embargo, sí que tiene que prestar un servicio real aparte de hacerte sentir mejor emocionalmente. Los diversos tipos de tareas que su perro puede realizar para usted se basan en sus necesidades psiquiátricas. El perro de servicio psiquiátrico necesita proporcionar un servicio para el individuo discapacitado basado en su discapacidad. Estas tareas pueden incluir:

- Redirigir o interrumpir un comportamiento compulsivo que es destructivo.
- Localizar algo que la persona discapacitada pueda necesitar o ayudarla a encontrar un lugar seguro cuando está desorientada en una gran multitud.
- Buscar en una habitación a alguien que lucha contra el TEPT.
- Orientar al manipulador que padece trastornos disociativos.
- Estar alerta a los sonidos que pueden ser alarmantes para el manejador o al humo, así como a las alarmas de seguridad cuando suenan.
- Ayudar a mantener el equilibrio al manipulador que necesita seguridad y apoyo para caminar.
- Localizar y llevar la medicación u otros objetos al adiestrador en el momento en que los necesite.

El siguiente paso, una vez que su perro está entrenado para el servicio específico que necesitará, es tomar la decisión de si desea registrar el perro de servicio psiquiátrico para obtener un certificado de la organización de registro de perros de servicio psiquiátrico. El registro no es un paso necesario ya que no es un requisito legal. La ventaja de registrarlo es que pueden proporcionarte una tarjeta de identificación para tu perro, así como chalecos, insignias de identificación y un certificado que demuestre que es un perro de servicio psiquiátrico registrado. Estas cosas serán especialmente útiles cuando salgas al mundo con un perro de servicio psiquiátrico, sobre todo el chaleco. A menudo, te preguntarán si el perro es un perro de servicio psiquiátrico, y a veces incluso te pedirán una prueba, aunque es muy ilegal que lo hagan. Si se decide por esta vía, asegúrese de que la empresa con la que se registre sea una empresa de confianza. Así se asegurará de que la certificación es legítima.

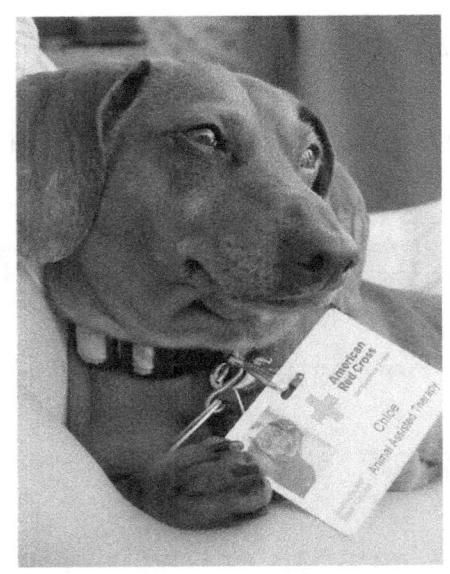

La ADA para Personas Propietarias de Perros de Asistencia Psiquiátrica

Según la ADA, sólo los perros son reconocidos como animales de servicio psiquiátrico. Esto significa que como perro de servicio psiquiátrico, son reconocidos bajo las leyes y normas de la ADA. Estas normas se han establecido desde hace varios años. La definición de un perro de servicio psiquiátrico es un perro que está entrenado para realizar una tarea específica que es útil para la discapacidad del individuo. Este perro debe ser capaz de realizar tareas específicas, así como de realizar trabajos relacionados con la persona discapacitada. Cualquier edificio o instalación de acceso público debe permitir que el perro de servicio psiquiátrico acompañe a la persona discapacitada en todas las áreas a las que el público o un miembro esté autorizado a ir.

Los animales de servicio se consideran animales de trabajo, no mascotas, y las tareas deben estar relacionadas con la discapacidad de la persona discapacitada. Si el perro sólo proporciona comodidad o apoyo emocional, no puede considerarse un animal de servicio según la ADA. Sin embargo, sí entran en la norma de animales de apoyo emocional que establece la Autoridad de la Vivienda. Aunque esta definición de animal de servicio puede ser limitante, no afecta a la definición más amplia de animal de asistencia que se describe en la Ley de Acceso al Transporte Aéreo.

Hay varios estados y leyes locales que proporcionan una definición más amplia que la de la ADA. Esta información se encuentra a través de la Oficina del Fiscal General de los estados.

¿Dónde Puedo Llevar a mi Perro de Servicio?

Debido a las leyes que establece la ADA, su gobierno local y estatal y varias organizaciones sin ánimo de lucro que prestan servicios al público tienen que permitir que un animal de servicio dentro de sus instalaciones acompañe al individuo discapacitado. Estos accesos sólo se aplican a las áreas a las que el público tiene acceso normal. Un animal de servicio puede entrar en un hospital con un paciente discapacitado, así como en las cafeterías, salas de examen e incluso en las urgencias. Sin embargo, si la entrada de un animal de servicio puede causar problemas a la zona o a las personas que se encuentran en ella, el animal de servicio puede ser excluido. Esto incluye los quirófanos o las unidades de quemados, ya que la presencia del animal de servicio podría crear un entorno no estéril.

¿QUÉ PUEDE ACCESO DEL INGRESO A UN ANIMAL DE SERVICIO INDIVIDUAL?

El animal de servicio debe estar bajo el control total de su cuidador en todo momento mientras esté en el edificio. Debe llevar un arnés, una correa o estar atado, a menos que el uso de estos accesorios dificulte el trabajo de servicio del animal de servicio para el individuo, o que la discapacidad impida el uso de estos accesorios. Si este es el caso, la persona discapacitada tiene que tener el control total del animal mediante una orden de voz o una señal.

Si el servicio que el perro presta a la persona discapacitada no resulta evidente para el empresario, éste puede hacer un número limitado de preguntas para comprobar que el perro es un animal de servicio. Sólo puede hacer dos preguntas a la persona discapacitada sobre el animal de servicio.

- ¿Es este animal de servicio necesario debido a una discapacidad?
- ¿Qué tarea realiza el animal de servicio para la persona discapacitada?

El personal no puede hacer ninguna pregunta sobre la discapacidad de la persona, ni pedirle documentación médica. No pueden exigir una identificación del perro ni ningún tipo de certificado de adiestramiento. No pueden pedir que el perro demuestre su capacidad para realizar su tarea o que se le muestre la tarea que realiza.

El miedo a un perro no es una excusa válida para excluir al animal de servicio de la entrada. Tampoco se puede excluir de las alergias. Si hay una persona en la misma aula o albergue con alguien que tiene alergia a los perros o a la caspa de las mascotas, entonces hay que hacer una adaptación para que cada persona esté cómoda. Se les debe proporcionar un espacio separado para sentarse o dormir si existe la posibilidad de hacerlo.

A las personas con discapacidad no se les puede pedir ni obligar a sacar a un perro de servicio psiquiátrico de la propiedad de un negocio o instalación de acceso público a menos que ocurran estas dos cosas

- El perro se descontrola y el adiestrador no puede manejarlo.
- El perro no está entrenado para ir al baño.

Si esto ocurre, entonces tienen que ofrecer a la persona con el animal de servicio la oportunidad de comprar las cosas que necesita con la presencia del animal de servicio.

Si el establecimiento vende o prepara comida, tiene que ofrecer al animal de servicio el derecho a entrar en las zonas públicas, incluso si los códigos sanitarios locales o estatales prohíben la entrada de animales en la zona.

Una persona discapacitada que utiliza un animal de servicio no puede ser separada de las demás personas dentro de un establecimiento o negocio debido al animal de servicio y no se le pueden cobrar tarifas adicionales por ese animal de servicio. Si el negocio exige una fianza a los huéspedes con animales de compañía, esta tasa debe quedar exenta en el caso del animal de servicio.

Si un hotel cobra a los huéspedes por los daños causados por ellos mismos o por sus mascotas, se les permite cobrar por cualquier cosa dañada por el huésped o por el perro de servicio psiquiátrico.

El personal de un hotel o empresa no está obligado a proporcionar ningún servicio o comida al animal de servicio. Tampoco están obligados a proporcionar cuidados al animal de servicio.

Aunque este libro trata de un perro de servicio psiquiátrico, hay algunas leyes que otorgan a los caballos miniatura algunos derechos en virtud de las leyes de la ADA. Si el caballo miniatura presta un servicio o realiza tareas para una persona discapacitada, entra dentro de las directrices de un animal de servicio. Esto se define aún más por lo que sería un caballo miniatura. Tienen una altura de entre 24 y 34 pulgadas si se mide desde la parte inferior de la pezuña hasta la parte superior de los hombros. También deben pesar entre 70 y 100 libras. Si la persona discapacitada utiliza un caballo miniatura como animal de servicio, se le deben proporcionar ajustes razonables. Hay 4 formas de evaluar al caballo miniatura para determinar el alojamiento dentro de la instalación.

- ¿Está el caballo miniatura entrenado para ir al baño?
- ¿Está el caballo miniatura bajo el control del adiestrador?
- ¿Dispone el establecimiento de espacio para acomodar el tamaño, el tipo y el peso del caballo miniatura?
- ¿Comprometerá la presencia del caballo miniatura los requisitos de seguridad que proporcionan legítimamente una instalación operativa segura?

AUTORIDAD DE ALOJAMIENTO PARA PROPIETARIOS DE PERROS DE SERVICIO PSIQUIÁTRICO

Según el artículo 504 de la Ley de Rehabilitación de 1973, dentro de la Ley de Estadounidenses con Discapacidades, se definen los animales de servicio como animales que ayudan a los discapacitados. Sin embargo, el Departamento de Justicia limita esta definición sólo a los perros y luego excluye a los animales de apoyo emocional de ser definido como un animal de servicio. Bajo las Autoridades de Vivienda, los animales de apoyo emocional están cubiertos para los ajustes razonables como un animal de asistencia. Lo que esto significa es que una persona con una discapacidad puede esperar ajustes razonables cuando alquila un lugar y tiene un animal de servicio o un animal de apoyo emocional. La FHA y la ADA cubren las viviendas que son públicas o gestionadas por una oficina de arrendamiento o inmobiliaria, así como las viviendas de las universidades.

La ley del Título II se aplica a las viviendas que son entidades públicas, así como a las viviendas del gobierno y a las universidades. El Título III se aplica a las oficinas de alquiler y a los refugios, así como a las viviendas multifamiliares, a las instalaciones que proporcionan una vida asistida y a las viviendas de la enseñanza pública. El 504 también proporciona cobertura a aquellas viviendas que reciben ayuda financiera para sus necesidades de vivienda. El HUD cubre todo tipo de viviendas. Esto incluye las casas de propiedad privada y las que reciben asistencia federal. Sin embargo, hay algunas exclusiones limitadas que son excepciones a las reglas. En las situaciones de vivienda en las que se prohíbe tener animales de compañía, el propietario debe permitir y proporcionar adaptaciones razonables a las personas discapacitadas que tengan o deseen tener un animal de asistencia. Dado que un animal de asistencia no es una mascota, la política de no mascotas, el depósito de mascotas o el alquiler de mascotas no se aplica a estos animales. La definición de animal de asistencia se ha descrito a lo largo de este libro en varias ocasiones, y también se refiere a esta definición.

En el caso de los ajustes razonables, no hay ninguna ley que exija que el perro sea adiestrado individualmente por un programa específico o que esté certificado o registrado en alguna organización concreta. Los perros son los únicos cubiertos como animales de servicio. Sin embargo, un animal de apoyo emocional es un animal que proporciona apoyo emocional al individuo. Si se presenta la solicitud para que un residente utilice un animal de asistencia, entonces deben seguir los principios generales que son aplicables para las adaptaciones que se han solicitado. A continuación, deben tener en cuenta estos aspectos para evaluar el alojamiento.

- ¿Esta persona tiene una discapacidad?
- ¿Tiene esta persona discapacitada un animal de asistencia que le proporciona un servicio para su discapacidad? ¿O un apoyo emocional que ayuda a aliviar los síntomas de la discapacidad de la persona?

Si la respuesta a cualquiera de estas preguntas es negativa, entonces el alojamiento no es necesario, y la solicitud podría ser denegada. Si la respuesta a cada una de las preguntas es afirmativa, la adaptación debe realizarse. La única exclusión es que la adaptación cree cargas financieras indebidas o altere la naturaleza fundamental de dicha propiedad.

Por ejemplo, si el animal de servicio ha demostrado que es una amenaza directa para la seguridad de los demás y no puede cambiarse por otro alojamiento, entonces puede denegarse, o en el caso de que el animal específico en cuestión cause daños a la propiedad que no puedan eliminarse o evitarse con otro alojamiento.

Esto no puede basarse en el tamaño del perro, la raza o el peso. Y para denegar la entrada al animal, la decisión debe basarse en ese animal concreto y no en un miedo o especulación generalizados. Tampoco puede basarse en un animal o perro de servicio anterior.

Las restricciones o condiciones que se aplican a las mascotas en las comunidades de vecinos no pueden imponerse a un animal de servicio. Por ejemplo, la fianza para animales de compañía no se aplica a un animal de servicio o de apoyo emocional, ni tampoco el alquiler mensual. La denegación no puede basarse en la incertidumbre del propietario de la vivienda sobre la discapacidad de la persona o la necesidad de los servicios de un animal de servicio. Si la discapacidad no es aparente, pueden pedir documentación fiable proporcionada por un médico, psiquiatra, trabajador social u otros profesionales de la salud mental para explicar la necesidad del animal de servicio. Esto proporcionará documentación suficiente. La carta no tiene que ser específica sobre las discapacidades del paciente.

Sin embargo, no pueden pedir a la persona que presente su historial médico ni facilitarle el acceso al proveedor de sus necesidades médicas. Tampoco pueden pedirles que proporcionen detalles así como pruebas materiales extensas sobre su discapacidad con documentación de un examen clínico. Cada solicitud de ajuste razonable se evalúa individualmente para cada persona. No pueden denegar condicionalmente el alojamiento ni cobrar una cuota, como un depósito, como condiciones para que se permita el animal de servicio del solicitante. Tampoco pueden retrasar la respuesta durante un periodo de tiempo no razonable.

Si considera que se le ha denegado injustamente, póngase en contacto con el HLTD para presentar una queja sobre la denegación.

Aunque los animales de apoyo emocional están cubiertos por las directrices del HUD, no se consideran animales de servicio. Simplemente proporcionan apoyo emocional, consuelo, compañía y apoyo al bienestar de la persona discapacitada. Debido a la definición de un animal de servicio, sólo un perro, así como un caballo miniatura, puede ser considerado un animal de servicio bajo la ADA.

Dicho esto, pasaré al siguiente capítulo, donde empezaré a dar detalles en profundidad sobre cómo entrenar a tu perro de servicio psiquiátrico para los servicios específicos que necesitas.

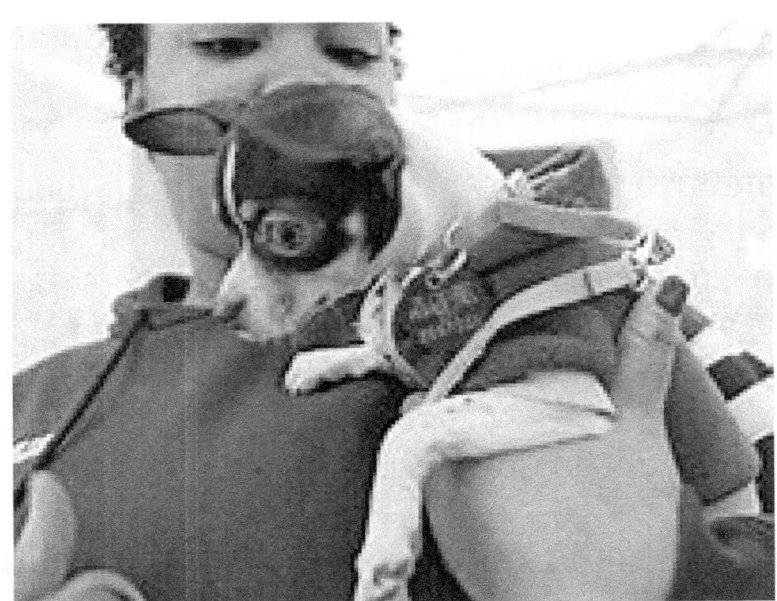

CAPÍTULO 7
REQUERIMIENTO DE ACCESO AL PÚBLICO PARA PERROS DE SERVICIO PSIQUIÁTRICO

LO QUE NECESITAN SABER PARA ENTRAR EN EDIFICIOS, VOLAR EN AVIONES Y DEMÁS HABILIDADES DE ACCESO AL PÚBLICO

Como propietario de un perro de servicio psiquiátrico, debe entrenar a su perro para que realice ciertas tareas, así como asegurarse de que está bajo control en todo momento mientras está en público. Hay algunas cosas que debes hacer para asegurarte de que tu perro está bien entrenado antes de que se le permita estar en el transporte público o en edificios públicos como perro de servicio psiquiátrico. Estas cosas se enumeran a continuación.

Sentarse a la orden en varias situaciones - el perro de servicio psiquiátrico necesita entender que cuando usted dice "siéntate", se sienta y se queda sin tratar de levantarse y deambular.

Carga y descarga controlada de un vehículo - necesitan estar bajo control mientras son cargados en un vehículo o descargados de un vehículo.

Se tumba cuando se le ordena en diversas situaciones: tiene que entender y responder adecuadamente cuando se le dice que se tumbe.

Aproximación controlada a un edificio: tienen que estar completamente bajo su control cuando se acercan a un nuevo edificio o a cualquier edificio.

Entrada y salida controlada a través de una puerta - Deben estar bajo control cuando entren en edificios nuevos o en los que ya hayan visitado. Los portales pueden asustar a un perro, y entrar a través de uno es necesario para la mayoría de las actividades.

Control cuando se suelta la correa - Si se le suelta la correa, tiene que estar bajo su control y no perseguir a los animales, a las personas o simplemente alejarse.

Control en un restaurante - Tienen que ser capaces de tumbarse debajo de la mesa en un restaurante y no representar un problema para el restaurante.

Control en un edificio - Deben ser capaces de controlar el talón en un edificio y no crear ningún problema.

Recuperación de seis pies con la correa - Tienen que sentirse cómodos con una correa de recuperación de seis pies y no tratar de alejarse o cruzar el camino de los demás.

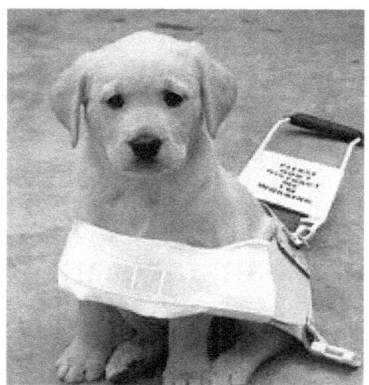

¿Cómo deben reaccionar a otros animales y personas?

Un animal de servicio debe responder a las personas y a los animales como si no estuvieran presentes. La mayoría de los animales de servicio llevan chalecos, y estos chalecos dicen que son animales de servicio y piden que nadie los acaricie. Aunque esto se recomienda para algunos animales, a veces he podido acariciar a un animal de servicio. Es una buena regla general preguntar al adiestrador si está bien antes de acercarse al perro. Un perro que es agresivo con los niños u otras personas no es un perro de servicio psiquiátrico adecuado.

Cuando el perro de servicio psiquiátrico camina por la calle, debe ser completamente ajeno a los otros animales de la calle o a las otras personas. Debe estar hiperconcentrado en lo que hace el adiestrador y en si éste necesita ayuda.

Los dos capítulos siguientes tratan de las técnicas de adiestramiento del perro de servicio psiquiátrico para los servicios específicos que pueden realizar los perros y a los que beneficiarán. Una de las técnicas de adiestramiento es sobre la recuperación, y esto es algo que todas las personas con discapacidad pueden utilizar para ayudarles en su vida diaria.

¿Te gusta lo que estás leyendo? ¿Quieres escucharlo en forma de audiolibro? ¡Haz clic aquí para conseguir este libro gratis al unirte a Audible!

https://adbl.co/2YqyNOh

CAPÍTULO 8
ENTRENAMIENTO PASO A PASO DE UN PERRO DE ASISTENCIA PSIQUIÁTRICA

Cada animal de servicio realiza una tarea específica que se le enseña para ayudarle en sus necesidades de discapacidad.

Aunque cada animal de servicio necesita tener un curso de entrenamiento de obediencia básica antes de ser entrenado para el servicio, en realidad pueden empezar a entrenar para la obediencia y luego para el servicio que usted necesita en el mismo curso de entrenamiento. No tiene que pagar a un adiestrador para que entrene a su perro por usted. De hecho, es mejor que los entrene usted mismo para que ambos estén familiarizados con los pasos del entrenamiento y para que pueda tener el líder de la manada establecido.

Para Pacientes con Ansiedad o Depresión

- Un perro de servicio psiquiátrico para la ansiedad o la depresión tendrá que realizar ciertas tareas para calificar como un perro de servicio psiquiátrico. Estas tareas pueden incluir
- Proporcionar consuelo y apoyo
- Recoger la medicación
- Utilizar la estimulación táctica para desviar la atención del adiestrador lamiendo la cara.
- Ser capaz de identificar los signos de un ataque de pánico o el inicio de un ataque de pánico.
- Proporciona un sentido de propósito y trabajo a la persona discapacitada. Proporciona una razón para levantarse de la cama o salir a la calle. Alimentar, pasear y cuidar al perro.

Un perro de servicio psiquiátrico para la depresión es un gran recurso para aquellos que luchan por salir de sus casas, especialmente si esa persona está en un estado constante de depresión o pensamientos negativos, así como cuando es suicida. Pueden ayudar a la persona deprimida a vivir una vida más plena.

Entonces, ¿cómo entrenar a su perro de servicio psiquiátrico para tareas de depuración?

En primer lugar, debe empezar por lo básico. Asegúrese de que su perro tiene un entrenamiento básico de obediencia, como el que encontraría al inscribir a su perro en el Entrenamiento de Buen Ciudadano.

Todos los perros necesitan tener ciertas habilidades básicas para empezar a ser entrenados para su Servicio Psiquiátrico. A continuación se detallan las habilidades que son necesarias para ser entrenado desde el principio.

- Sentarse y quedarse
- Abajo

- Arriba
- Talón
- Venir
- Deja
- Así como orinar fuera de casa cuando se le indique.

Si usted no está preparado para entrenar a su perro para estas tareas simples, entonces usted tendrá que encontrar un entrenador que puede hacer esto para usted. También debe considerar la posibilidad de pagar a alguien para entrenar a su perro para el servicio que usted necesita después de la obediencia se aprende.

A continuación, tendrá que determinar qué servicio le prestará el perro. Como ocurre con la mayoría de las discapacidades, necesitará tener alguna forma de obtener un teléfono cuando no tenga la capacidad de caminar o moverse. Este es un problema continuo para los que tienen problemas de movilidad, así como para los ancianos y los que se deprimen gravemente. Por lo tanto, entrenar a su perro para que recupere el teléfono es una gran tarea que deben aprender. Otra tarea para la ansiedad es identificar cuando se avecina un ataque de ansiedad y proporcionar estimulación táctil lamiendo a la persona o dando un codazo al adiestrador para que pueda empezar a acariciar al perro para reducir la ansiedad y calmarse rápidamente.

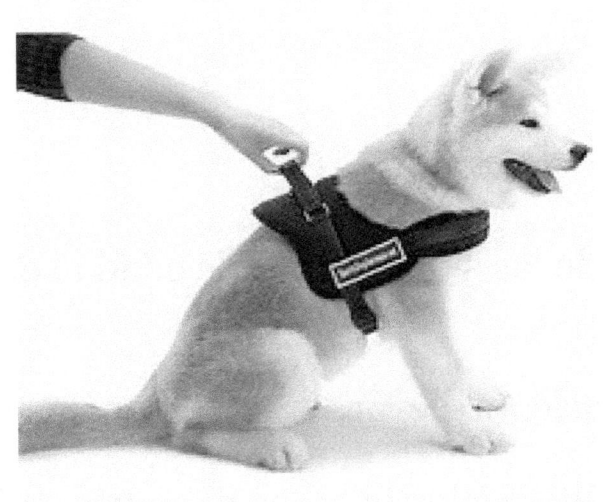

PASO A PASO DEL PROCESO PARA ENTRENAR A UN PERRO A RECUPERAR COSAS:

Para hacer una recuperación formal, el perro de servicio psiquiátrico tendría que ser entrenado para agarrar un objeto, llevar ese objeto y soltarlo en la mano del entrenador. Este proceso requerirá paciencia y determinación. También necesitará un profundo sentido del humor para lograrlo. La recuperación permite al perro abrir puertas, recoger un objeto que se ha caído, coger el teléfono, llevar unas bolsas, entregar un mensaje a alguien, ayudar a alguien a vestirse o desvestirse, y mucho más. Si usted utiliza sus manos, el perro de servicio psiquiátrico utilizará su boca. Es vital que vaya despacio y cree un patrón.

Técnica para motivar la recuperación

Puedes empezar desde las 5-7 semanas de edad al enseñar esta técnica.

Empiece por enseñarles a llevar, a meter en la boca o a jugar con diferentes texturas. Ofrézcales botellas de vidrio, tubos de PVC, trozos cortos de metal, llaveros y juguetes que tengan texturas resbaladizas, no divertidas o frías mientras están supervisados. Si se acostumbran a las diferentes texturas, será más fácil enseñarles a recuperar objetos.

Antes de Empezar

La sincronización debe ser impecable y usted debe tener confianza. Este es un proceso que le llevará mucho tiempo.

Acondicionar al cachorro o al perro adulto con un clicker en su entrenamiento

Acondicionar al perro para que se concentre en el clicker durante un breve período de tiempo, y comprender las técnicas básicas de orientación es una necesidad.

¿Qué suministros necesitarás?

- Las mancuernas son útiles cuando se les enseña a recuperar algo. También puede utilizar un maniquí de recuperación.
- Clickers
- Golosinas de gran valor o que sean las favoritas de su perro. Pueden ser cosas como bocados de pollo, salchichas u otros tipos de golosinas.

Dirigiendo a un perro de servicio psiquiátrico

- Utilizando una silla, siéntese y haga que su perro de servicio psiquiátrico se enfrente a usted.
- Extiende la mancuerna con el clicker.
- Coloque las golosinas en la otra mano.
- Muestre la mancuerna a su perro. A continuación, haga clic en el clicker y coloque la golosina delante de la nariz y golpéela.
- Mueva la mancuerna de un lado a otro y continúe pulsando el mando mientras apunta a la nariz para golpear la mancuerna y luego dé al perro la golosina por el golpe.

- No preste atención a las órdenes vocales o a los zarpazos de su perro. Sólo preste atención a los golpes de nariz y a la entrega de la golosina.

- Siga practicando estos procesos de apuntar a la mancuerna con el clicker y golpear la nariz, y luego dar al perro una golosina hasta que el perro se concentre y se mueva unos metros en dirección a la mancuerna y la golpee con la nariz.

Una vez que haya apuntado a la mancuerna y esté haciendo este proceso correctamente, estará listo para empezar a golpear la mancuerna con la boca.

Engañando al Perro de Servicio Psiquiátrico

- Utilizando una silla, siéntese y haga que su perro de servicio psiquiátrico se enfrente a usted.

- Extiende la mancuerna con el clicker.

- Coloque las golosinas en la otra mano.

- Muestre la mancuerna a su perro. A continuación, haga clic en el clicker y coloque la golosina delante de la nariz y golpéela.

- Mueva la mancuerna de un lado a otro y continúe pulsando el mando mientras apunta a la nariz para golpear la mancuerna y luego dé al perro la golosina por el golpe.

- No preste atención a las órdenes vocales o a los zarpazos de su perro. Sólo preste atención a los golpes de nariz y a la entrega de la golosina.

- Siga practicando estos procesos de apuntar a la mancuerna con el clicker y golpear la nariz, y luego dar al perro una golosina hasta que el perro se concentre y se mueva unos metros en dirección a la mancuerna y la golpee con la nariz.

Una vez que haya apuntado a la mancuerna y esté haciendo este proceso correctamente, estará listo para empezar a golpear la mancuerna con la boca.

La siguiente parte del entrenamiento para un perro del Servicio Psiquiátrico es enseñar técnicas de distancia, duración y distracción. Esto ayuda a aumentar la comprensión que tiene el perro del comportamiento o comando que le está indicando. Tome cada uno de estos, paso a paso, ya que se distraen y pueden resultar confusos.

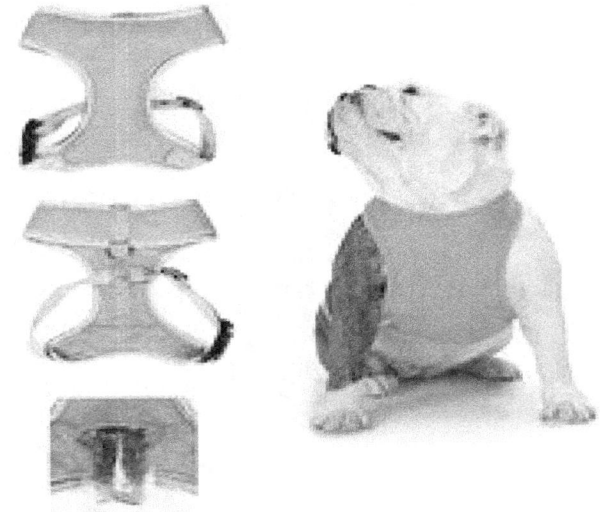

En este momento, el perro del Servicio Psiquiátrico debería buscar una golosina tan pronto como escuche el clicker. También debe agarrar la mancuerna o recuperar el muñeco tan pronto como se lo presente. No se preocupe si ella lo escupe inmediatamente. Su perro del Servicio Psiquiátrico también debería poder moverse hacia la izquierda o hacia la derecha una distancia corta para recuperar la mancuerna.

Introduciendo la señal de liberación

Aunque parece un retroceso entrenar para soltar antes de entrenar para sostener, una vez que aprendan que soltarán el objeto en su mano, podrán entender que necesitan esperar la señal para soltarlo.

- Asegúrese de que su perro puede hacer un par de rondas de clics y luego recibir un premio por agarrar la mancuerna. Una vez que llegue a unas 3-5 repeticiones que se ejecuten rápidamente, puede pasar al siguiente paso del proceso. En este punto, la mancuerna debe estar en su mano todo el tiempo.
- Ahora, debe introducir la señal de liberación que va a utilizar. Presente la mancuerna al perro. Cuando la alcance y la coja, permítale hacerlo. A continuación, haga clic en el mando y repita la orden de liberación. Cuando la suelte, dele una golosina. Continúe haciendo esto varias veces hasta que el perro

comience a hacer una pausa, aunque sea por un segundo, antes de escupirla. Esto significa que está escuchando la señal.

- Pulse el clicker para la pausa entre cada agarre y de nuevo para la liberación de la mancuerna. Siga utilizando la orden de soltar. A medida que avanza el tiempo, notará una pausa que se va haciendo más larga. Una vez que comience a prolongar su pausa, dele varias golosinas, especialmente para las pausas prolongadas. Recuerde que el clic identifica el comportamiento que desea enseñar. El clic para la pausa le enseña a hacerla. Hacer un clic de nuevo para la liberación y decir su señal de liberación es enseñar a soltar. A continuación, dé al perro golosinas por los clics.
- Si puede contar hasta un Mississippi entre cada pausa, entonces está listo para avanzar.

Entrenando al perro para que suelte tu mano

Estas sesiones deben ser cortas. También deben ser positivas y optimistas. Esta será una sesión frustrante tanto para el adiestrador como para el perro. El objetivo de esta sesión es entrenar al perro para que obtenga una recompensa, pero sólo si la mancuerna se coloca en las manos del adiestrador.

- Empiece ofreciendo la mancuerna al perro. Cuando la agarre, suelte la mancuerna, moviendo su mano por debajo de su barbilla. Esto es para que el perro pueda dejar caer la mancuerna en tu mano cuando la suelte. Haz clic en el clicker y dale una golosina cuando digas la orden de soltar. Si el perro suelta la mancuerna antes de la palabra de soltar, entonces quite su mano y deje que la mancuerna caiga al suelo. No haga clic con el mando y no le dé al perro una golosina. Simplemente mire al perro y encójase, recoja la mancuerna y ofrézcasela al perro de nuevo.
- Continúe este proceso 5-6 veces seguidas.
- Haga esta rutina una y otra vez. Sin embargo, no diga su palabra de liberación. En su lugar, debe esperar. Si el perro vuelve a dejar caer la mancuerna, encójase y no diga nada. Recójala y ofrézcasela al perro de nuevo. Esta vez, use la palabra de

liberación y deje que la mancuerna caiga en su palma. A continuación, dé a su perro varias golosinas.

- Siga practicando estos pasos. Cada tres o cinco veces, utilice la palabra de liberación al azar. Sin embargo, no utilice la señal de liberación y permita que el perro la escupa. Encoja la caída y recoja la mancuerna de nuevo y ofrézcasela al perro. Permita que el perro la agarre y luego utilice la señal para soltarla, y deje que caiga en su palma. Dé un premio cuando lo haga correctamente.

- Observe si su perro de servicio psiquiátrico se aferra a la mancuerna durante más tiempo, como si esperara la señal de liberación. Entonces use la señal de liberación y permita que caiga correctamente, y entonces dé varias golosinas como recompensa.

- Continúe haciendo esto hasta que su perro de servicio psiquiátrico haya tenido éxito más veces de las que ha fallado. Incluya los fracasos intencionados para mostrar a su perro lo que no es apropiado y reforzar el comportamiento de esperar hasta la señal de liberación.

Entrenamiento para una retención guiada

Sea muy amable durante esta fase del adiestramiento. Está utilizando la motivación para entrenar al perro a recuperar. No debe forzarlo.

- Haga que su perro se siente a su lado. Elija el lado opuesto de su mano dominante para la posición de su perro.

- Ofrezca la mancuerna al perro con su mano dominante. Una vez que sus dientes se cierren sobre ella, permita al perro y luego deslice su mano por debajo de la barbilla del perro.

- Acaricie el cuello del perro hacia arriba hasta la punta de su barbilla con su mano dominante. Haga esto durante uno o dos segundos y luego pare. A continuación, coloque la mano dominante debajo para coger la mancuerna, haciendo un clic para indicar al perro que la sujete. A continuación, utilizando la señal de liberación, permita que el perro la suelte y dele una golosina.

- Continúe este proceso mientras aumenta el tiempo que el perro sostiene en 1-2 segundos cada vez, pero sólo si el perro está sosteniendo la mancuerna con calma. Si el perro se resiste, intenta escupirla o se mueve, siga utilizando la técnica de las caricias suaves. Hágalo con suavidad y despacio. Sea paciente y constante con la sujeción. No se trata de una carrera.

- Continúe haciendo esto hasta que la sujeción llegue a los 30 segundos con una sujeción cómoda o tranquila mientras acaricia la barbilla suavemente.

ENTRENANDO AL PERRO PARA QUE AGUANTE

- Comience este proceso como lo haría con la sujeción guiada. Ofrezca la mancuerna al perro y continúe acariciando suavemente bajo la barbilla una o dos veces. Retire la mano de la barbilla y, tras unos segundos, haga clic con el mando. Utilice la señal de liberación y dé al perro una golosina. Una vez que el perro se suelte, acarícielo con calma. Si el perro no espera la señal para soltarse, simplemente encójalo, recójalo y vuelva a intentarlo.

- Repita este proceso 2 ó 3 veces más, y luego deténgase para acariciar la barbilla de su perro después de que haya cogido la mancuerna. Entréguesela a su perro, retire su mano y espere de 3 a 5 segundos. Utilice su clicker y luego indique que la suelte. Una vez que el perro la suelte, dele una golosina.

- Con el tiempo, siga aumentando gradualmente. Aumente uno o dos segundos de retención cada vez. Haga esto hasta que el perro pueda aguantar por lo menos 30 segundos hasta que reciba la señal de soltar sin ninguna guía de usted.

Si el perro falla continuamente en este punto, entonces tiene demasiadas distracciones o ha presionado al perro demasiado rápido. Vuelva al punto en el que el perro estaba teniendo éxito y avance desde ese punto. Siga siendo optimista al respecto y prepare a su perro para una sesión de adiestramiento satisfactoria. Si el perro sigue escupiendo la mancuerna, continúe con el encogimiento de hombros y guarde silencio. Recójala y ofrézcasela al perro de nuevo. Mantenga todas sus sesiones cortas y al grano para que el perro no pierda el interés y el entrenamiento formal del cobrador permanezca intacto.

Entrenamiento para desensibilizar al tacto

En este punto, su perro está acostumbrado a la señal de liberación que ha elegido. El perro se siente cómodo soltando la mancuerna en la mano que lo espera. Recuerde que esto puede convertirse en un problema para aquellos perros que empiezan a asociar el tacto con la orden de soltar en lugar de con la señal de soltar. Si el adiestrador no está preparado para el objeto, esto se convierte en un problema. Para contrarrestar esto, tendrá que recordar que dar las recompensas inculcará el comportamiento que quiere entrenar al perro.

- Con su perro colocado frente a usted o a su lado, comience a insensibilizar al perro al tacto.

- Entregue la mancuerna a su perro, retire su mano y espere unos segundos.

- Alargue la mano para tocar suavemente el borde de la mancuerna. Si el perro la suelta, deje que se caiga. Encójase y recoja la mancuerna. A continuación, vuelva a ofrecerle la mancuerna en silencio. Refuerce su señal verbal de soltar la mancuerna unas cuantas veces, y luego continúe repitiendo este ligero toque de nuevo sin ninguna señal. Si su perro retiene la mancuerna, utilice inmediatamente el clicker y la señal de liberación, y luego dé al perro una recompensa.

- Entregue la mancuerna al perro y acaricie suavemente la cabeza o el hocico del perro. Utilice el clicker y luego dé la orden de liberación. Una vez que el perro se suelte, dele una golosina por la sujeción continuada e ignore por completo todas las gotas.

- Continúe trabajando con su perro hasta que éste espere la señal de liberación, incluso si usted ha enroscado sus dedos alrededor de la mancuerna. Acaricie la cabeza, el hocico y las orejas de su perro y toque la mancuerna para mostrar la conexión.

Entrenamiento para probar el sostener

Una vez que el perro haya sujetado felizmente la mancuerna durante 30 segundos hasta que usted le indique que la suelte, entonces sabrá que ha entendido el adiestramiento. Esto significa que su perro entiende la orden de coger y sujetar. Ahora tiene que empezar la prueba.

Juego de prueba: Huevos verdes con jamón

Pida al perro que la coja y la sostenga estando de pie o sentado frente a usted, así como en la posición del lado contrario o tumbado. A continuación, haga que el perro la mantenga en diferentes circunstancias. Por ejemplo, de pie en las escaleras, con usted subiendo o bajando unos escalones, o en el asiento delantero de su coche o en una perrera. Encuentre formas creativas de entrenar un comportamiento de sujeción generalizado. ¿Los huevos verdes y el jamón se encuentran en una caja? ¿En un coche? ¿En una casa? ¿Con un ratón? Averigüe en qué lugares continuará su perro el entrenamiento de coger y sujetar. Básicamente, encuentre los lugares más salvajes y locos en los que el perro continuará la norma de rendimiento.

Prueba de movimiento y posiciones

- Ahora, introducirá algo de movimiento en el adiestramiento. Comience pidiendo al perro que cambie de posición mientras sostiene la mancuerna. Esto puede comenzar con un cambio de lado a lado o de estar sentado a estar de pie, de estar sentado a estar de pie, así como de estar de pie a estar de pie.

- Pida al perro que haga un cambio de posición y luego recompénselo ampliamente por su éxito. Consiga entre 3 y 5 cambios de posición repetidamente, y luego pida que lo suelte, pero hágalo de forma lenta y gradual.

- Si el perro empieza a soltar la mancuerna antes de que usted pida la señal, entonces le está exigiendo demasiado y demasiado rápido. Vuelva a un punto en el que el perro haya tenido éxito, y luego avance mucho más despacio.

- Una vez que el perro pueda cambiar de posición sin dejar caer la mancuerna, pídale que la lleve mientras se cura. Empiece con pasos pequeños y luego aumente los intervalos de 30 segundos para que se escore. Recompense al perro por el éxito y luego ignórelo si lo deja caer. A continuación, recoja la mancuerna en silencio y ofrézcasela de nuevo al perro.

- Trabaje en cambio en una distancia más corta para aumentar el nivel de confianza del perro, lo que a su vez le ayuda a tener éxito.

Prueba de las 3 D

Ahora es cuando se inician las 3 Ds. Ha comenzado con la parte de la duración de las 3 Ds. La siguiente sección es la distancia.

- Comience por entregarle al perro la mancuerna, y luego dé un paso atrás. Haga una pausa y luego vuelva a su perro. Utilizando el clicker, haga clic y luego utilice la señal de liberación y ofrezca una golosina.

- Aumente la distancia un paso a la vez hasta que haya aclimatado a su perro para que se sienta cómodo sosteniendo la mancuerna y alejándose 10 pasos, girando y volviendo para soltar la mancuerna.

- Una vez que el perro se sienta cómodo con esto, aumente las distracciones que tiene añadiendo el factor público. Inténtelo en un parque. Pídale al perro que sostenga la mancuerna mientras usted le prepara una comida o mientras hace obediencia básica con un perro secundario.

- Intente ser creativo con las distracciones, pero mantenga su mente centrada en las 3 D.

- Manténgase a poca distancia de su perro y no espere una larga duración de la sujeción, especialmente cuando introduzca las distracciones. Sea generoso con las recompensas que le da al perro, y esto asegurará la voluntad del perro de tener éxito más de lo que falla. Si el perro deja caer la mancuerna más de lo que la sostiene, entonces reduzca las distracciones que están alrededor del perro y vuelva a un punto en el que el éxito fue mejor. Aumente gradualmente la dificultad y vuelva a intentarlo. Para reducir la distracción, aléjese del estímulo y acérquese poco a poco para calibrar la capacidad de ejecución del perro.

Entrenando los pasos finales de "Sostener"

En este punto, su perro está cogiendo, sujetando y llevando la mancuerna. Esta debería ser una acción viable en cualquier situación con su perro. Después de esto, usted tiene una navegación suave por delante.

Continúe probando la sujeción de todas las maneras que pueda soñar. Continúe con las 3 Ds y siga aumentando su distancia al alejarse del perro mientras está sujetando. Siempre recompense el trabajo bien hecho. Recuerde su señal para la liberación, y sólo haga clic cuando la señal de liberación sea utilizada, y la mancuerna sea devuelta a su mano después de una señal verbalizada sin un simple toque o agarre del manejador. Ahora, necesita combinar el entrenamiento de acarreo y distracción mientras construye la distancia. Sólo está limitado por la creatividad que utilice para entrenar al perro.

Entrenamiento para recuperar un objeto especifico o diferentes objetos

Para entrenar a su perro para que recupere objetos añadidos, tendrá que introducir nuevos objetos y empezar por el principio. Su perro debería notar después de unos 3-5 artículos cómo recuperar cualquier objeto que usted le pida.

Hay varios kits que se pueden utilizar para sembrar y añadir artículos en el proceso de entrenamiento de recuperación.

- Botella de agua
- Botella de vidrio
- Tiras de vellón o tela
- Tazón de comida de metal
- Cuchara
- Llaves de repuesto en un anillo
- Correa
- Bolígrafo
- Sección de 12" de tubería de PCV/Metal
- Tarjeta de crédito/documento de identidad antiguo
- Papel grueso de cartulina
- Mancuerna grande
- Llavero
- Latas vacías
- Cuadros de cartón
- Billetera
- Chaleco
- Libro pequeño
- Frasco de medicina

- Teléfono

Entrenamiento para cosas que necesitará utilizando el Kit de Siembra

Puedes hacer tu propio kit de siembra o comprar uno. Esto les enseña texturas y formas extrañas. Utilice hasta 20 objetos para entrenar a su perro con un kit de siembra.

Entrenamiento asistido para recoger objetos

- Se trata de entrenar al perro para que recoja gradualmente las cosas desde una posición que a usted le resulte difícil. Así que, con el tiempo, acerque la mancuerna al suelo para que pueda entrenar al perro a recoger cosas desde el suelo.
- Comience en posición sentada, luego en posición de pie, inclinada, sentada en el suelo o arrodillada. Cualquier cosa que tenga que hacer para que el perro recoja desde todas las posiciones está bien. Si en algún momento su perro deja de recoger a la señal, entonces empiece de nuevo a la última altura

en la que el perro tuvo éxito. Luego continúe avanzando con los pasos. Vaya despacio y con calma.

- Continúe el proceso que comenzó con sólo bajar la mancuerna o el artículo más cerca del suelo mientras continúa entrenándola para que la tome y la sostenga. Sostenga la mancuerna tan cómodamente como pueda mientras la sostiene. Repita el proceso.

- Arrodíllese y continúe con este proceso hasta que el perro tenga este proceso para cada nivel de recuperación. Después de repetirlo un par de veces, deje caer la mancuerna a mitad de la pierna y vuelva a repetir el proceso.

- Repita este proceso para cada nivel de recuperación. Continúe entrenando al perro en la orden de coger y mantener hasta que haya llegado al suelo. Mientras entrena al perro para que la recupere del suelo, retire suavemente su mano poco a poco de la mancuerna. De este modo, el perro recuperará la mancuerna del suelo sin que su mano esté sobre ella. Empiece usando toda la mano, luego la palma, luego los dedos, luego algunos dedos, luego un dedo y así sucesivamente.

- Por último, coloca la mancuerna en el suelo y acerca tu mano a ella. A continuación, repita los pasos como antes hasta que el perro haya asimilado el concepto.

Entrenamiento para darle forma a "recoger"

- En lugar de sujetar la mancuerna, colóquela a cierta distancia de usted. Siéntese en una silla y comience la sesión de entrenamiento con el perro. En lugar de hablarle al perro, mire la mancuerna de vez en cuando. Cuando el perro empiece a mirar la mancuerna, haga clic con el mando y ofrezca una golosina en el momento en que el perro mire o baje la cabeza hacia la mancuerna.

- Siga formando la intuición del perro para que coja la mancuerna con una simple mirada. Pulse el clicker y dé una golosina a los movimientos del perro que sean apropiados. Esto puede ser cualquier cosa, desde empujones, olfateos, o el hecho de que el perro se lleve la mancuerna a la boca.

- Manténgase en silencio y no utilice órdenes o señales para ayudar. El perro debe buscar la respuesta correcta a través de un rompecabezas.

- Si el perro la recoge, utilice inmediatamente el clicker para hacer clic y dele muchas golosinas. Si lo coge del suelo sin ayuda, haga lo mismo. Si lo coge y lo mira con la cabeza levantada, repita el clicker y la recompensa.

- Repita este entrenamiento hasta que coloque o lance la mancuerna a una distancia de usted, y el perro vaya hacia ella, la recoja y luego espere la señal para soltarla.

- Repita estos pasos de pie, tumbado o en cualquier otra posición en la que necesite que recupere algo para usted.

- Una vez que el perro haya aprendido esto, comience a utilizar variables y repita estos pasos.

Entrenamiento para probar recoger objetos

- Cuando esté de pie a una distancia del objeto, pida al perro que lo recupere con la señal de cogerlo. Si el perro responde correctamente, haga clic y recompense al perro.

- Repita esto una y otra vez hasta que el perro lo haga con precisión hasta 10 veces sin ninguna ayuda, repetición o vacilación. Si esto sucede, entonces pase a otro objeto.

- Vuelva al juego de prueba Huevos verdes y jamón, y entrene al perro para cada objeto que necesite que recupere. Recuerde las 3 Ds, y tenga en cuenta que sólo entrena uno a la vez.

- Esto es una recuperación formal de principio a fin. Celebre y recompense por ello.

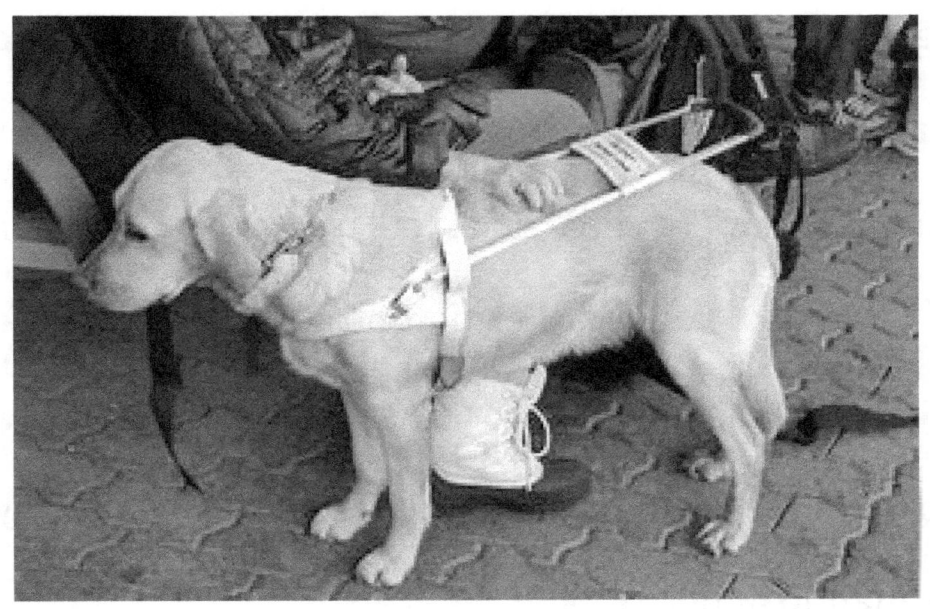

Entrenamiento para introducir objetos nuevos

- Comience con objetos que tengan una forma similar a la de la mancuerna y vaya cambiando a medida que el perro vaya aprendiendo. Empiece con los objetos más grandes y continúe con los más pequeños. Siga estos pasos para conseguirlo unas 5 veces hasta que el perro coja los objetos adicionales con facilidad. Deje que su perro establezca su propio ritmo, y si salta a una recogida inmediata, mantener y soltar con la señal, entonces tiene el proceso bajo control.

- Empiece con una recuperación formal y luego añada los objetos adicionales. Permita que el perro lo huela y explore un poco, asegurándose de repetir el proceso del clicker con estos objetos. Empiece desde el principio del proceso de entrenamiento de recuperación para cada artículo. Haga clic y dé golosinas según sea necesario. Aumente el tiempo de retención y la distancia hasta que el perro recupere estas veces por sí mismo.

- Juegue al juego de prueba Huevos verdes y jamón y continúe entrenando al perro.

Entrenamiento para propiciar la recuperación

- Coloque dos o tres objetos, siendo uno de ellos la mancuerna en forma de triángulo. Deje suficiente espacio entre ellos para que su perro pueda rodearlos fácilmente. No obstante, deben estar cerca unos de otros. Agrupe estos objetos para que el perro no dude de que están relacionados.

- Acérquese al triángulo con el perro a su lado y simplemente diga la señal de coger y señale hacia los objetos. No especifique ningún elemento; simplemente permita que seleccione y coja el objeto que desee. Deje que el perro lo coja y luego utilice la orden de soltar. Dé al perro una golosina por sus acciones. A continuación, repita estos pasos. Siga añadiendo objetos al rompecabezas hasta que haya presentado todos los objetos al perro de servicio psiquiátrico. Asegúrese de que el perro se sienta completamente cómodo con estos objetos. Repita el proceso hasta que el perro se sienta seguro con el rompecabezas de hasta 15 elementos o más. En este momento, comience el Juego de Prueba Huevos Verdes y Jamón y trabaje en sus 3 Ds.

Perros de Servicio Psiquiátrico para Ansiedad

La ansiedad es una condición severa que muchas personas sufren. Con un perro de servicio psiquiátrico, la persona que sufre de ansiedad puede comenzar a vivir una vida mejor. Este trastorno genera ataques de pánico, desasosiego, comportamientos compulsivos y demás. Se puede entrenar al perro para que haga varias tareas para la ansiedad.

Los perros suelen tener vínculos estrechos con sus cuidadores y pueden ser entrenados para identificar los ataques de pánico. Este sería un entrenamiento de estilo de respuesta individual. He enumerado a continuación algunos pasos a seguir para hacer esto con su perro de servicio psiquiátrico.

Entrenamiento de Respuesta Individual

Comience con un perro que haya tenido un entrenamiento básico de obediencia y luego incorpore los pasos de entrenamiento para que su perro reconozca un ataque de ansiedad o pánico.

Comience ofreciendo una golosina a su perro cada vez que sienta que se aproxima un ataque de pánico. Esta es una forma útil de que el perro identifique la respuesta y sepa cuándo se avecina un ataque de pánico. Otra técnica que puede utilizar es abrazar al animal cuando sienta que el estrés está llegando. Esto le ayudará a encontrar alivio y a que el animal identifique las señales. Encontrar la raza adecuada va a ser importante para entrenar a un perro para que se conecte a este nivel.

Recuerde que debe ser paciente con el adiestramiento. El adiestramiento de un perro para el acceso al público es importante, y esto puede llevar hasta 120 horas en un periodo de 6 meses. Empiece por identificar qué tarea deberá realizar el perro. Tiene que identificar su ritmo cardíaco, los movimientos musculares, los arañazos o toques en la cara y otros puntos desencadenantes, así como la frecuencia respiratoria. ¿Quiere que su perro le guíe? ¿Quiere que busque la medicación? ¿Quiere que el perro le proporcione seguridad? Sea lo que sea lo que necesite que haga su perro, asegúrese de entrenarlo para esas tareas específicas.

Entrenamiento para Alertar Ansiedad

Con este adiestramiento, comenzará con los mismos pasos que con el adiestramiento anterior. Sin embargo, le enseñará a detectar las alertas de ansiedad.

- Alerta de Ansiedad con Golosinas
- Acaricie la nariz del perro y recompénselo por el codazo.
- Ordene al perro que dé un codazo y luego añada una recompensa por sus acciones.
- Repita este proceso hasta que el perro haya notado el codazo.
- Cambie de posición para entrenar al perro a realizar la alerta en varios lugares y en posiciones sentadas o de pie. Premie al perro por cada respuesta positiva.
- Decida qué señal de ansiedad va a utilizar para ayudar a identificar la ansiedad. Puede ser el rascado de la cara o la inquietud, así como el frotamiento de los brazos.

- Proporcione la señal de ansiedad y actúe como si el síntoma de ansiedad fuera real. A continuación, ordene al perro que le dé un codazo y recompense por una respuesta positiva.

- Practique esto una y otra vez, de la misma manera que lo haría con el proceso de recuperación. Empiece a reconocer cuando su perro identifique la señal de ansiedad sin la orden. Premie la identificación en lugar de la orden. Ignore las falsas alertas y desactívelas. Repita este proceso varias veces al día durante varias semanas.

- A medida que avance el tiempo y el perro aprenda el desencadenante, elimine la orden por completo. Manifieste un episodio de ansiedad y omita la señal de mando. Premie a su perro cuando responda adecuadamente.

- Practique en diversos lugares y posiciones, y siga trabajando con su perro hasta que se identifique con regularidad.

Método de Ansiedad y Recompensa para Detectar la Ansiedad

- Identifique la señal de ansiedad que desea utilizar. Puede tratarse de moverse, rascarse o cualquier otra respuesta activa.

- Utilice la señal delante de su perro. Cuando el perro reconozca la señal, recompénselo dándole una golosina.

- Entrene al perro para que le dé un codazo y utilice una señal verbal para la orden.

- Muéstrele al perro la señal de ansiedad y utilice la orden verbal para la alerta. Cuando el perro empiece a reconocer la orden y la señal, prémielo con una golosina. Cuando el perro haga la señal mientras usted experimenta los síntomas, recompénselo. Ignore las falsas alertas que pueda hacer el perro. Utilice el mismo proceso de adiestramiento y el entrenamiento de recuperación.

- Retire la orden y practique utilizando sólo las señales físicas en lugar de las verbales. Cuando el perro se alerte ante los síntomas de ansiedad, proporciónele una recompensa por una respuesta adecuada.

- Añada un tiempo de práctica complejo añadiendo una variedad de circunstancias que puedan utilizarse en diferentes entornos con muchas distracciones para entrenar la alerta de ansiedad.

Entrenamiento con Cliquer para Detectar la Ansiedad

- Averigüe la alerta que desea utilizar y conéctela al codazo. Si el perro le da un codazo en la mano, haga clic en el clicker y dele una golosina.

- Utilizando una orden verbal asociada a la ansiedad, cuando el perro responda a la orden, dé un codazo en la mano y haga clic en el clicker cuando el perro responda correctamente. Dé al perro una golosina.

- Manifieste algunos síntomas de ansiedad y utilice las señales verbales y físicas para obtener la respuesta del perro con un codazo. A continuación, una vez que el perro se alerte con un codazo, haga clic en el clicker y proporcione una golosina.

- Retire la orden verbal y manifieste los síntomas de ansiedad. A continuación, continúe haciendo clic en el mando para mostrar al perro que hubo una respuesta positiva y proporcione una golosina.

- Retire el clicker de la orden de alerta y utilice la señal del síntoma de ansiedad para manifestar la ansiedad. Cuando el perro responda correctamente, dele una recompensa por responder a la señal.

- Varíe la práctica en muchos lugares distintos, utilice distracciones y varias posiciones, como sentado, de pie y tumbado. Siga utilizando el paso 3 si el perro tiene dificultades con este proceso.

Para una Persona con Esquizofrenia

- Encender las luces para una persona con esquizofrenia puede ser una ayuda inmensa, especialmente cuando está experimentando un episodio. Cuando los esquizofrénicos experimentan episodios, pueden tener miedo a la oscuridad porque verán cosas que no existen, o experimentarán voces, y si no tienen las luces encendidas, pensarán que esas voces son reales.

- Comience por situarse junto a un interruptor de la luz que desee que el perro alcance. Llame a su perro y colóquelo en posición sentada.

- Extienda una golosina en la pared a unos dos centímetros por encima del interruptor. Golpee la zona unas cuantas veces y atraiga al perro para que salte y empuje el interruptor con sus patas delanteras, justo al lado del interruptor. Si el perro lo consigue, dele una golosina y elógielo.

- Repita estos pasos unas cuantas veces más hasta que crea que el perro se ha dado cuenta del proceso de saltar y tocar la pared con sus patas. Golpee el interruptor de la luz con la mano mientras sostiene la golosina en la mano cerrada. La mano cerrada debe colocarse encima del interruptor. Utilice la orden que haya elegido para encender o apagar la luz. Cuando la pata del perro haya tocado el interruptor de la luz, dele una golosina y elógielo. Se trata de una transición para que el perro se acostumbre a tocar la luz para recibir el premio.

- Una vez que consiga que el perro toque sistemáticamente la luz cuando usted coloque su mano allí, podrá colocar su mano en su lado y conseguir que el perro siga tocando la luz. Empiece por tocar el interruptor y recompensar la acción cuando el perro haya terminado y se haya sentado de nuevo.

- A continuación, tendrá que alejarse gradualmente del interruptor de la luz y utilizar una orden o un movimiento para conseguir que el perro utilice la acción de conseguir las luces para usted.

- Esto sólo se puede utilizar para los perros que tienen un tamaño medio o moderado y que se sienten cómodos cuando se equilibran sobre sus patas traseras. Sin embargo, algunos de los perros más pequeños están ansiosos por saltar y apagar o encender las luces. Sin embargo, es posible que desee comprar una escalera para los perros de razas más pequeñas, ya que podrían hacerse daño al saltar alto.

Los esquizofrénicos tienen episodios en los que ven o escuchan cosas que no existen. He aquí una técnica para entrenar al perro y ayudarle con estos episodios.

Señal de trastorno disociativo con golosinas

- Acaricie la nariz del perro y recompénselo por el empujón.

- Ordene al perro que dé un codazo y luego añada una recompensa por las acciones del perro.

- Repita este proceso hasta que el perro haya notado el codazo.

- Cambie de posición para entrenar al perro a realizar la alerta en varios lugares y en posiciones sentadas o de pie. Premie cada respuesta positiva.

- Decida qué señal de ansiedad va a utilizar para ayudar a identificar el trastorno disocial. Puede ser rascarse la cara o estar inquieto, así como frotarse los brazos.

- Proporcione la señal del trastorno disociativo y actúe como si el síntoma del trastorno disociativo fuera real. A continuación, ordene al perro que le dé un codazo y recompense por una respuesta positiva.

- Practique esto una y otra vez de la misma manera que lo haría con el proceso de recuperación. Entonces empiece a reconocer cuando su perro identifica la señal del trastorno disociativo sin la orden. Premie la identificación en lugar de la orden. Ignore las falsas alertas y desactívelas. Repita este proceso varias veces al día durante varias semanas.

- A medida que avance el tiempo y el perro aprenda el desencadenante, elimine la orden por completo. Manifieste un episodio de trastorno disociativo y omita la señal de mando. Premie a su perro cuando responda adecuadamente.
- Practique en varios lugares y posiciones, y siga trabajando con su perro hasta que se identifique con regularidad.

El trastorno disociativo es cuando un esquizofrénico se disocia del mundo que le rodea y empieza a ver y oír cosas que no existen. Esto también puede permitirles manifestar múltiples personalidades así como tener momentos en su vida en los que están hablando con otras personas que nadie más ve. Estos episodios pueden hacer que vean extraterrestres, bichos, personas, perros, monstruos y también que escuchen sonidos que otros no pueden. En esos momentos, pueden volverse violentos, rabiosos, agresivos e incluso se sabe que han asesinado a sus familias e incluso a sus propios hijos. Muchas veces, esta condición necesita ser hospitalizada.

En el próximo capítulo, continuaré discutiendo las técnicas de entrenamiento que pueden ser usadas para entrenar a un Perro de

Servicio Psiquiátrico para varias tareas. En este capítulo, he hablado de la ansiedad, la depresión y la esquizofrenia. En el próximo capítulo, hablaré del autismo, el TOD, el DEI y también del TEPT.

Cada una de las técnicas que se discuten en los dos últimos capítulos puede ser incorporada para cada una de estas condiciones. Sólo depende de lo que necesites de tu Perro de Servicio Psiquiátrico.

CAPÍTULO 9
GUÍA PASO A PASO PARA ENTRENAR A UN PERRO DE ASISTENCIA PSIQUIÁTRICA

Para Autismo/ODD/IED

El autismo es un mundo en el que la persona que lo padece va a vivir, y es prácticamente impenetrable. Quienes padecen autismo no saben conectar con las emociones ni leer las señales sociales. Tienen comportamientos obsesivos, y esto puede suponer una tensión para su familia. Tienden a participar en comportamientos de tipo ritual que pueden ser repetitivos. A veces pueden durar horas. Suelen agitar los brazos, hacer girar monedas, alinear coches o filtrar cosas con los dedos. En el extremo opuesto, puede que no les guste que les toquen o que requieran una sobreestimulación con el tacto. Suelen tener niveles más altos de receptores sensoriales, y éstos pueden provocar sobrecargas. Se sienten abrumados y tienen crisis sin poder comunicar el problema. Puede ser difícil saber cómo responder. Sin embargo, un perro de servicio psiquiátrico normalmente puede ayudarles a calmarse y prevenir más daños cuando están enfurecidos ya que no tienen muchos niveles de comunicación verbal. Incluso los que pueden comunicarse aún no tienen la capacidad de explicar sus emociones o lo que les pasa en esos momentos de agobio. Los ruidos fuertes, así como las luces, pueden ser abrumadores para un niño autista, lo que puede provocar una crisis.

Intervención en el Comportamiento

Hay varias formas de ayudar con el autismo, y la intervención conductual es una de ellas. Una forma de intervenir en la conducta es utilizar una técnica para interrumpir las conductas repetitivas.

Interrumpiendo Comportamientos Repetitivos

Al entrenar a un perro para que aplique presión en el brazo del niño durante un breve tramo, se puede ayudar a interrumpir los comportamientos. El perro de servicio psiquiátrico puede ser entrenado para detener específicamente estos comportamientos. Pueden utilizar una orden de voz o una señal física como indicación. Entrenar al perro por acción es bastante sencillo. Anteriormente, discutimos el entrenamiento de un perro para recuperar objetos y luego discutimos el uso de señales de ansiedad para alertar a un perro de los ataques de ansiedad. Esto no es diferente. En esta situación, puede utilizar un desencadenante, como el aleteo y los saltos del niño, para que el perro coloque una pata sobre el niño. Esto funciona de la misma manera que antes.

Entrenamiento con Cliquer para Interrumpir Comportamientos en Pacientes con Autismo

- Utilizando la alerta de salto y aleteo, conéctela con el codazo del perro. Si el perro le da un codazo en la mano, haga clic en el mando y dele una golosina.

- Utilizando una orden verbal asociada a los saltos y aleteos, deje que el perro responda a la orden y luego dé un codazo en la mano. A continuación, pulse el mando cuando el perro responda correctamente. Dé al perro una golosina.

- Manifiesta algunos síntomas de saltos y aleteos con el niño autista y utiliza las señales de órdenes verbales para que el perro responda con un empujón. A continuación, una vez que el perro avise con un codazo, haga clic con el mando y dé una golosina.

- Retire la orden verbal y utilice el síntoma de salto y aleteo manifestado para que el perro identifique el desencadenante. A continuación, continúe haciendo clic con el mando para mostrar al perro que hubo una respuesta positiva, y luego proporcione una golosina.

- Retire el clicker del comando de alerta y utilice la señal para el desencadenante del autismo de salto y aleteo para manifestar el episodio. Cuando el perro responda correctamente, dele una recompensa por haber respondido a la señal.

- Varíe la práctica en muchos lugares distintos, utilice distracciones y varias posiciones como sentado, de pie y tumbado. Siga utilizando el paso 3 si el perro tiene problemas con este proceso.

Esto puede ser modificado para ser usado para muchos disparadores diferentes, como una palabra repetitiva que es usada por el paciente o golpear su cabeza repetidamente. De cualquier manera, el uso de la modificación de los comportamientos en esta técnica funcionará increíblemente. Dado que los perros de servicio psiquiátrico son entrenados muy extensamente, la gente suele pensar que el perro es capaz de juzgar todas las situaciones. Sin embargo, no son capaces de ser analíticos y utilizar el razonamiento. Por lo tanto, esperar que protejan a su hijo de una situación peligrosa es algo que hay que enseñarles. Dado que el vínculo entre el niño y el perro es fuerte, se darán cuenta de las señales que ayudarán a mantener al niño bastante seguro y a redirigirlo de forma positiva hacia otro comportamiento.

Calmar y prevenir las crisis nerviosas

Otra tarea que un perro de servicio psiquiátrico puede hacer por un niño autista es ayudarlo a calmarse o prevenir una crisis. Pueden ser entrenados para ayudar en las crisis aplicando presión. En estas situaciones, se le puede pedir al perro que ejerza una presión profunda al ser entrenado para acostarse sobre el niño de manera reconfortante. En el caso de que el niño esté llorando, el perro sería capaz de reconocer el sonido y acurrucarse con el niño para ayudar a calmarlo. A menudo, el perro de servicio psiquiátrico evitará o reducirá la duración de la crisis. Esto se puede hacer aplicando los mismos pasos anteriores, excepto que cambiando el desencadenante y la respuesta a uno diferente.

A continuación se muestra un desglose de cómo funciona esto. Recuerde, cuando entrene a su perro de servicio psiquiátrico, que el condicionamiento es el método con el que usted puede entrenarlo. Si sienten que están obteniendo un resultado positivo, estarán más que felices de ayudarte con los servicios que les estás enseñando. Los perros necesitan un refuerzo positivo y prosperan con un sistema de recompensas. Aprenderán más fácilmente y estarán más dispuestos a ayudarle, sobre todo porque les gusta la gente.

Método de adiestramiento con clicker para detectar el llanto de un niño

- Identifique que el niño está llorando y conéctelo con el codazo. Si el perro le da un codazo en la mano, haga clic en el clicker y dele una golosina.
- Utilizando una orden verbal asociada a un niño que llora, enseñe al perro a responder a la orden dando un codazo en la mano y haga clic en el clicker cuando el perro responda correctamente. Dé al perro una golosina.

- Manifiesta alguna situación del niño que llora y utiliza la señal verbal junto con la señal física para que el perro responda con un codazo. A continuación, una vez que el perro alerte con un codazo, haga clic en el clicker y proporcione una golosina.

- Retire la orden verbal y manifieste los síntomas del llanto del niño. Una vez que el perro le dé un codazo al niño, siga haciendo clic con el mando y dándole una golosina. Esto muestra al perro que hubo una respuesta positiva.

- Retire el clicker y utilice la señal del niño que llora para alertar al perro sobre el niño. Cuando el perro responda correctamente, dele una recompensa por haber respondido a la señal.

- Varíe la práctica en muchos lugares distintos. Utilice distracciones y varias posiciones, como sentado, de pie o tumbado. Siga utilizando el paso 3 si el perro tiene dificultades con este proceso.

- Una vez que el perro haya respondido continuamente con el mismo proceso, cambie el empujón por una aplicación de presión profunda y continúe entrenando al perro para este servicio.

Esta tarea se ajustará a las necesidades definidas por la Ley de Animales de Servicio y se permitirá en un edificio público. Esto proporcionaría cantidades extendidas de servicio del perro mientras el niño está en situaciones abrumadoras.

Entrenando a un Perro para que te Encuentre

Juegue al escondite con su perro. Ésta es la forma más fácil de que su perro aprenda a encontrarle. Por ejemplo, si tiene un niño autista y quiere que el perro sea capaz de localizarlo, entrénelo para que lo encuentre. Los niños autistas tienden a alejarse con frecuencia. Puede ayudar a su hijo a ser encontrado rápidamente cuando se pierda si ha entrenado al perro para que lo localice

- Para ello, esconde al niño detrás de un árbol o una pared y pídele al perro que lo localice.
- No permita que haga ruidos, ya que el perro tiene que aprender a identificar por su olor.
- Una vez que el perro se dé cuenta de que el niño ha desaparecido, empezará a buscarlo por su cuenta. Algunos

perros pueden necesitar más tiempo que otros para reconocer que el niño se ha ido, y otros pueden ponerse primero ansiosos antes de buscar al niño, especialmente si el niño y el perro han establecido un vínculo.

- Esto desencadenará la necesidad natural del perro de encontrar al niño.
- Una vez que el perro empiece a buscar al niño, puede hacer algunos pequeños ruidos que le ayuden a buscar. Dado que nadie está completamente callado cuando está en el bosque o perdido en la casa o el vecindario, esto ayudará a localizar al niño más rápidamente.
- Una vez que el perro encuentre al niño, elógielo por su excelente trabajo y dele un premio.
- Al utilizar este método, está entrenando al perro para que sepa que su trabajo es localizar al niño cuando se aleja. Los niños tienden a perderse a menudo debido a su curiosidad natural. Sin embargo, los niños autistas se perderán por sobreestimulación o incluso por el simple hecho de que son propensos a escaparse.

Si los entrena con una correa para esta tarea, entonces la correa está ayudando con la situación de entrenamiento al acelerar las cosas porque su perro se dará cuenta de que el niño se ha ido por la reducción de la presión en la correa.

El uso de un patio trasero vallado puede proporcionar un área más segura para trabajar, mientras que mantener el perro en un área que está confinado. Esto también ayudará con el niño que es propenso a vagar fuera. Esto es efectivo tanto para el niño como para el perro si no están entrenados para quedarse con usted. Entrenar a su perro para que le preste atención es parte del entrenamiento básico de obediencia que ya le ha proporcionado a su perro.

Si su perro tiene problemas para encontrar al niño al principio, utilice algunos sonidos o ruidos para llamar su atención sobre el niño y excitarlo de forma que se anime a buscarlo. Una vez que encuentre al niño, elogie al perro por haber hecho un trabajo excelente. Hacer que las lecciones sean emocionantes y divertidas ayuda a mantener a un perro lento más interesado en aprender más rápido y en ser bueno en la búsqueda del niño.

Después de jugar a este juego del escondite un par de veces al día, el perro debería captar la idea. En este momento, usted puede estar en silencio y dar al perro la oportunidad de darse cuenta de que no ha hecho ningún sonido para llamar al perro a usted. Esto les incitará a empezar a deambular y a buscarte. Estarán interesados en saber qué estás haciendo y dónde estás. Asegúrese de elogiarlos con algunas golosinas o caricias, y diga siempre "buen chico". Anímelos con el juego y permítales que aprendan a buscar al niño para que puedan desarrollar un sentido de conectividad con él y encontrarlo en momentos de necesidad.

Jugar en casa es otra forma de realizar esta tarea. Cada vez que el niño quiera jugar con el perro, puede esconderse dentro de la casa. Esto hará que el perro busque al niño. Si el niño hace ruidos, el perro se pondrá en alerta y estará atento. Entonces, irá a buscar al niño y cuando lo encuentre. El niño puede darle una golosina. Esto lo convierte en un juego tanto para el niño como para el perro. Siga elogiando al perro cada vez que localice al niño. Después de un tiempo, puede dejar de utilizar los ruidos para llamar la atención del perro y, en su lugar, esperar a que lo reconozca y empiece a buscar.

También puede hacer esto de otra manera divertida permitiendo que el niño se aleje del perro y, de repente, creando una preocupación por el perro. Al llamar al niño como si se hubiera ido, el perro empezará a buscarlo. Esto hará que busque al niño mucho más rápido. Aunque lo haga parecer un juego, sentirán la necesidad de buscar. Al convertirlo en un juego, el perro está aprendiendo y el niño no está en peligro. Si lo desea, puede lanzar uno de los juguetes para que el perro vaya a buscarlo y luego hacer que el niño se esconda mientras el perro busca el juguete. El perro irá a recoger el juguete y volverá a buscar al niño. Esto hará que el perro vaya a buscar al niño.

También puede utilizar un curso de rastreo para hacer desaparecer al niño. Los perros del AKC suelen someterse a pruebas de este tipo para obtener títulos de rastreo. Esto es a menudo una habilidad aprendida que se enseña a los perros que rastrean a sus manejadores primero, o puede ser utilizado como una práctica para aprender a seguir un curso de obstáculos.

Usted mismo debe hacer el rastro o recorrido para que el perro huela su olor en el recorrido. Después, el niño puede recorrer el rastro dejando su olor detrás. Esto les ayuda a hacer un mapa del recorrido para que el perro lo recorra buscando al niño.

También se puede utilizar la ropa para rastrear el olor de un niño autista, de modo que si se pierde, el perro pueda encontrarlo. Una forma de hacerlo es dejar que el perro vea que el niño se aleja, pero utilizar una camiseta para dar al perro el olor y dejar que el perro rastree al niño. Esto debe hacerse con una camisa recién puesta y que haya sido tocada por el niño recientemente.

Al guiar al niño en la carrera de obstáculos, puede dejar caer piezas de ropa de ese niño para que el perro pueda rastrearlo a través del olor. Camine lentamente en línea recta durante 30 pasos y, a continuación, coloque otra prenda de ropa que el perro pueda olfatear y proporcione golosinas para recompensar a su perro. Utilice los zapatos del niño para recorrer el camino mientras camina de nuevo durante 20 o 30 pasos y, a continuación, deje otro artículo perfumado, como un juguete o una camisa. Asegúrese de dar al perro golosinas a medida que siga rastreando.

Al permitir que su perro aprenda a rastrear a su hijo autista, también está enseñando al perro a evitar que el niño se aleje. Dado que los niños autistas tienden a vagar con frecuencia, esto puede ser un gran problema para los padres y puede ser muy abrumador para el niño también cuando se encuentran perdidos en lugares extraños.

Guiar a su perro desde un punto de partida con ropa que huela como el niño les ayudará a identificar el paradero del niño y a ganar ventaja para la próxima vez que desaparezca. Sin embargo, esto no es sólo para los niños. Varios adultos tienen un autismo severo que les hará salir de la misma manera. Al convertir en un patrón la caza del individuo autista, el perro buscará continuamente a ese individuo y se asegurará de que si no lo ve, comience a cazarlo para protegerlo.

Anime siempre al perro de servicio psiquiátrico a seguir adelante con la búsqueda permitiéndole iniciar el paseo en la misma dirección en la que se encuentra el siguiente objeto perfumado. Esto le permite simplemente decirle al perro que lo encuentre, y se dirigirá en la dirección correcta desde el principio. Irá y encontrará el rastro de ropa perfumada fácilmente y sin problemas. A continuación, debe seguir dándole elogios y golosinas, y esto le animará a seguir buscando. Con el tiempo, el perro lo hará como si fuera algo natural, y podrá eliminar los refuerzos necesarios para que se entusiasme al hacerlo.

Después de haber hecho esto unas cuantas veces más, podrá indicar al perro la dirección correcta sin tener que preocuparse demasiado de si el perro encontrará al niño o no, ya que la ropa del niño está perfumada, y su perro seguirá automáticamente el olor del niño o del adulto que ha desaparecido. Dejar un rastro por cada prenda perfumada ayuda a conectar el olfato del perro con la persona que necesita rastrear y le ayuda a localizar los lugares en los que ha estado. Así es exactamente como la policía entrena a sus perros para localizar a los presos que se han fugado.

Trastorno obsesivo-compulsivo: Alerta con Golosinas

- Acaricie la nariz del perro y recompénselo por el empujón.

- Ordene al perro que dé un codazo y luego añada una recompensa por sus acciones.
- Repita este proceso hasta que el perro haya notado el codazo.
- Cambie de posición para entrenar al perro a realizar la alerta en varios lugares y en posiciones sentadas o de pie. Premie al perro por cada respuesta positiva.
- Decida qué señal de conducta del trastorno obsesivo-compulsivo va a utilizar para ayudar a identificar la conducta del trastorno obsesivo-compulsivo. Esto puede ser rascarse la cara o estar inquieto, así como frotarse los brazos.
- Proporcione la señal de ansiedad y actúe como si el síntoma del trastorno obsesivo-compulsivo fuera real. A continuación, ordene al perro que le dé un codazo y recompense por una respuesta positiva.
- Practique esto una y otra vez de la misma manera que lo haría con el proceso de recuperación. A continuación, empiece a reconocer cuando su perro identifique la señal del Trastorno Obsesivo-Compulsivo sin la orden. Premie la identificación en

lugar de la orden. Ignore las falsas alertas y desactívelas. Repita este proceso varias veces al día durante varias semanas.

- A medida que avance el tiempo y el perro aprenda el desencadenante, elimine la orden por completo. Manifieste un episodio de conducta de trastorno obsesivo-compulsivo y omita la señal de mando. Premie a su perro cuando responda adecuadamente.

- Practique en una variedad de lugares y posiciones, y continúe trabajando con su perro hasta que se identifique regularmente.

TE GUSTA LO QUE ESTÁS LEYENDO? ¿QUIERES ESCUCHARLO EN FORMA DE AUDIOLIBRO? ¡HAZ CLIC AQUÍ PARA OBTENER ESTE LIBRO DE FORMA GRATUITA AL UNIRSE A AUDIBLE!

https://adbl.co/2YqyNOh

Para PTSD

El adiestramiento para el perro de servicio psiquiátrico puede desglosarse en 13 pasos sin esfuerzo a la hora de aplicar una presión profunda para una persona que padece TEPT. El TEPT es un trastorno debilitante que impide a quien lo padece experimentar la vida y todo lo que tiene que ofrecer. El TEPT se manifiesta de muchas maneras diferentes y puede provenir de muchas situaciones diferentes en la vida. A menudo, el TEPT puede provenir del trauma que se experimenta durante la guerra o de experiencias en la vida, como accidentes de coche, agresiones sexuales, abusos y muchas otras cosas.

Los pacientes con TEPT tienen varias necesidades únicas que pueden ser satisfechas por un perro de servicio psiquiátrico. Estos pueden incluir:

- Ayudar a bloquear a la persona en zonas concurridas
- Interrumpir comportamientos destructivos
- Calmar al manejador usando terapia de presión profunda

- Proporcionar tareas de mejora de la seguridad (como la búsqueda en la habitación)
- Recuperar medicamentos
- Presión profunda

Estos 13 pasos sin esfuerzo pueden significar la diferencia entre vivir felizmente y sufrir con miedo cada día mientras está atrapado en su casa.

Técnica de Presión Profunda

- Proporcione algunas golosinas deliciosas a su perro. Siéntese en el sofá y empiece a entrenar a su perro para que le preste el servicio que usted necesita. Poniendo una golosina delante de la nariz del perro, puede mover lentamente la golosina hacia la parte trasera del sofá. Una vez allí, palmee el respaldo del sofá y repita el nombre de su perro con emoción.
- Una vez que el perro coloque sus patas delanteras en el sofá, diga "¡Arriba, bien!" y recompense al perro con su golosina favorita.

- Si el perro es de tamaño mediano, deberá tener las cuatro patas en el sofá antes de repetir la orden "arriba". Una vez que esté en el sofá, enséñele a tumbarse.

- Si el perro no pone las patas arriba al principio, tendrá que trabajar por etapas y recompensar las acciones que lo acerquen al resultado final. Por ejemplo, cuando el perro coloque la cabeza en el sofá, coloque una pata en el sofá y, finalmente, coloque todas las patas en el sofá. Cada vez, siga dando una golosina al perro hasta obtener el resultado que necesita. Esto hace que el perro haga un poco más cada vez. Al final, el perro tendrá todas las patas en el sofá.

- Siga practicando esta acción hasta que la orden "arriba" obtenga el resultado que busca. A continuación, continúe hasta que el perro lo haga sin necesidad de persuasión.

- Una vez que el perro se haya levantado, utilice la orden "¡Bien, bien!" para que el perro se levante del sofá. A continuación, proceda a elogiar al perro. Si utiliza esto cada vez que se le diga al perro que se levante del sofá, lo aprenderá por repetición.

- A continuación, túmbese en el sofá y utilice su mano y dé una palmada en el regazo o en el pecho para llamar al perro a levantarse. Diga: "¡arriba!". En este momento, el perro puede sorprenderse o preocuparse por subirse a usted. Es una reacción normal. Dele una golosina por cualquier cosa que sea un paso positivo hacia el resultado final. Una vez que se relajen y comprendan, será menos probable que se pongan rígidos. Tendrá que atraerlos a esta acción, ya que no estarán acostumbrados a ello.

- Un perro pequeño o mediano puede tumbarse sobre el pecho en posición de cuchara o de abrazo con la cabeza junto a la suya.

- Una vez que el perro se acostumbre a ponerse encima de su pecho, practique la orden de bajada y acostumbre al perro a ayudarle con una presión profunda.

- No se frustre con el perro. Es tan nuevo en esto como usted. Si se siente frustrado, deténgase y tome un descanso. La clave es hacer que esto sea divertido y no estresante en absoluto.

- Si tiene que hacer una pausa, vuelva a empezar más tarde. A veces, el perro se siente abrumado y necesita tiempo para recuperarse. Este adiestramiento puede llevar algún tiempo para que se adapte a él.

- Un perro grande puede aplicar una presión profunda colocando sus patas en cualquiera de las caderas y tumbándose sobre su regazo o sobre la zona del pecho.

- Cada vez que su perro lo haga bien, amplíe el tiempo que permanece tumbado antes de dar la orden de bajar. Utilice golosinas y refuerce la alegría de la tarea. Con el tiempo, podrá eliminar las golosinas y sustituirlas por elogios por un trabajo bien hecho.

Si se trata de un perro grande, hay que enseñarle a empujar su cabeza hacia tu torso. Una vez que se haya acostumbrado al proceso, se abrazará a ti de forma natural acercando su cabeza a tu torso. Elógialo por ello y dale una golosina.

Si el perro se levanta sobre sus patas traseras, dale tiempo para que descanse las patas antes de seguir practicando. Si esta vez tiene un ataque de pánico completo, es posible que no se le permita descansar, pero no pasa nada; el perro se acostumbrará a esto con el tiempo.

Esta técnica puede funcionar con muchas condiciones psiquiátricas diferentes. Los pacientes autistas, deprimidos, ansiosos, con TEPT y otros pueden beneficiarse de esta técnica.

Este libro le ha dado varias maneras de entrenar a un perro para diferentes servicios que ayudarán a una persona discapacitada con necesidades psiquiátricas. Los perros pueden ser una excelente adición a su plan de mantenimiento médico, y pueden ayudar a devolverle la vida a una persona. Cuando a alguien se le diagnostican problemas de salud mental, puede ser incluso más devastador que padecer la enfermedad. Imagine que pasa de trabajar a tiempo completo a estar confinado en su casa debido al miedo y a los ataques de pánico. O qué pasaría si estuvieras avanzando en la vida y entonces ocurriera algo traumático, y ahora sufrieras un TEPT.

¿Cómo te darías cuenta de que tal vez nunca vuelvas a trabajar o a experimentar el mundo como estás acostumbrado? Esto puede ser un golpe excesivamente grande para el ego de alguien y su vida social. Pero con un perro de servicio psiquiátrico, puedes empezar a recuperar el control que has perdido por esta enfermedad. Muchas personas padecen algún tipo de salud mental y aún más sufren trastornos autoinmunes, así como problemas médicos como la diabetes. Con el adiestramiento especializado que se puede proporcionar a un perro para que preste un servicio terapéutico a los discapacitados, ahora no hay límite para lo que pueden hacer las personas con enfermedades. Puede que ya no puedan trabajar, pero al menos pueden intentar experimentar un mundo sin preocupaciones.

SEÑAL DEL TRASTORNO DE ESTRÉS POSTRAUMÁTICO CON GOLOSINAS

- Codifique la nariz del perro y recompénselo por el codazo.
- Ordene al perro que dé un codazo y luego añada una recompensa por las acciones del perro.
- Repita este proceso hasta que el perro haya notado el codazo.
- Cambie de posición para entrenar al perro a realizar la alerta en varios lugares y en posiciones sentadas o de pie. Premie al perro por cada respuesta positiva.
- Decida qué señal de ansiedad va a utilizar para ayudar a identificar el trastorno de estrés postraumático. Puede ser rascarse la cara o estar inquieto, así como frotarse los brazos.

- Proporcione la señal del trastorno de estrés postraumático y actúe como si el síntoma del trastorno de estrés postraumático fuera real. A continuación, ordene al perro que le dé un codazo y recompense por una respuesta positiva.

- Practique esto una y otra vez de la misma manera que lo haría con el proceso de recuperación. Empiece por reconocer cuando su perro identifique la señal del Trastorno de Estrés Postraumático sin la orden. Premie la identificación en lugar de la orden. Ignore las falsas alertas y desactívelas. Repita este proceso varias veces al día durante varias semanas.

- A medida que el tiempo avanza y el perro aprende el desencadenante, elimine la orden por completo. Manifieste un episodio de trastorno de estrés postraumático y omita la señal de mando. Premie a su perro cuando responda adecuadamente.

- Practique en diversos lugares y posiciones, y siga trabajando con su perro hasta que se identifique con regularidad.

CONCLUSIÓN

Gracias por haber llegado hasta el final de Cómo entrenar a tu propio perro de servicio psiquiátrico. Espero que haya sido informativo y le haya proporcionado todas las herramientas necesarias para alcanzar sus objetivos, sean cuales sean. Los perros de servicio psiquiátrico han existido desde hace tiempo. Y en los últimos 10 años más o menos, los pacientes psiquiátricos han estado entrenando a sus perros para que también presten sus servicios. Antes había que ser ciego o sordo para tener un perro de servicio psiquiátrico, pero esos días han pasado. Espero que este libro le haya proporcionado la información necesaria para ayudarle a entrenar a su perro y mejorar su vida.

El siguiente paso es empezar a averiguar qué hará exactamente tu perro de servicio psiquiátrico por ti y empezar a buscar la raza de perro de servicio psiquiátrico perfecta para tus necesidades. Muchas personas no son conscientes de las regulaciones que están asociadas con los perros de servicio psiquiátrico. Por ello, he abordado esa información en este libro. Sé que para estar bien preparado, tienes que saber a qué te enfrentas.

Poca gente sabe que puede entrenar a su propio perro de servicio psiquiátrico, y mucha gente está siendo estafada. Este libro espero que ponga fin a esto. Espero que hayas aprendido cómo averiguar qué raza de perro de servicio psiquiátrico te gustaría y también cómo entrenar al perro de servicio psiquiátrico en casa para tus necesidades específicas.

Por último, si este libro te ha resultado útil de algún modo, ¡siempre se agradece una reseña!

www.ingramcontent.com/pod-product-compliance
Lightning Source LLC
Chambersburg PA
CBHW082108280426

43673CB00074B/228